Frankfurter Bürgerhäuser des neunzehnten Jahrhunderts

Günther Vogt

Frankfurter Bürgerhäuser des Neunzehnten Jahrhunderts

Ein Stadtbild des Klassizismus

Societäts-Verlag

Aufnahmen Paul Wolff

Eine Dokumentation
des Kuratoriums Kulturelles Frankfurt

7
Vorwort
9
Günther Vogt · Ein Stadtbild des Klassizismus
9
Im Spiegel der Nachwelt
17
Frankfurts Stellung in Südwestdeutschland
22
Das Baustatut von 1809
29
Von Bastionen zu Wohnvierteln
32
Die Anlagen
39
Die Architekten
Johann Andreas Liebhardt · Nicolas de Pigage · Nicolas Alexandre Salins de Montfort · Johann Georg Christian Heß · Johann Friedrich Christian Heß · Philipp Jakob Hoffmann · Friedrich Rumpf · Maximilian Hessemer · Rudolf Burnitz · Rudolf Heinrich Burnitz
82
Chronik

Zu den Abbildungen

89
I Innenstadt und öffentliche Gebäude
123
II Fischerfeld
139
III Wallstraßen
159
IV Anlagenring
179
V Bockenheimer Landstraße
195
VI Westend
219
VII Nordosten mit Eschersheimer Landstraße
231
VIII Mainufer
251
IX Sachsenhausen und Bockenheim
267
Anmerkungen und Literaturverzeichnis
295
Dolf Sternberger · Geschichte dieses Buches
303
Benno Reifenberg · Erinnerungen und Ausblick

In der Überzeugung, der klassizistische Zug gehöre zu den wesentlichen Faktoren in der Physiognomie Frankfurts, beschlossen im Sommer 1942 die Publizisten Benno Reifenberg und Dolf Sternberger, diese wichtige Periode in der Architekturgeschichte der Stadt photographisch festhalten zu lassen, damit die Bilder in besseren Zeiten die Grundlage für eine gründliche Bearbeitung des Themas böten. Sie haben rechtzeitig gehandelt. Denn unmittelbar nach dem Abschluß der Aufnahmen begann auch über Frankfurt der Bombenregen niederzugehen, und er hat nicht einmal ein Zehntel der klassizistischen Bausubstanz verschont. Benno Reifenberg und Dolf Sternberger ist deshalb für ihre Initiative zu danken. Ohne sie und die Arbeit des Photographen Dr. Paul Wolff hätte es bis heute keine Aufforderung gegeben, über die Wurzel bürgerlichen Bauens im Frankfurt des 19. Jahrhunderts nachzudenken.

Der Verleger Werner Wirthle hat nach dem Kriege unermüdlich versucht, das Interesse an dem Projekt zu erhalten und die Forschung zu animieren, aus Erinnerungen historisch unangreifbare Tatsachen zu machen. Seine Beharrlichkeit und sein Sinn für künstlerische Werte dürfen das Verdienst am Erscheinen dieses Buches beanspruchen, ein Vierteljahrhundert nach dem Untergang des klassizistischen Frankfurt.

Das Kuratorium Kulturelles Frankfurt hat sich engagiert und mitgeholfen, aus verlegerischer Absicht Wirklichkeit werden zu lassen; diese Gruppe interessierter und tätiger Bürger nahm das Buch in ihre Publikationsreihe Frankfurter Kunst- und Kulturgeschichte auf, die sie seit Jahren fördert.

Schließlich ist dem Stadtarchiv, der Frankfurt-Abteilung der Stadt- und Universitätsbibliothek sowie der Bild- und Plansammlung des Historischen Museums zu danken, denn ohne ihre Hilfe wäre es den Autoren nicht gelungen, das noch Erreichbare zu erreichen.

G. V.

Ein Stadtbild des Klassizismus

Im Spiegel der Nachwelt

Das Bauen in Frankfurt während des vergangenen Jahrhunderts läßt eine durchgehende Kraft von großer Beharrlichkeit erkennen. Es ist der Klassizismus, jene letzte Periode mit einem echten Gefühl, bevor das große Leihen bei einigen Vätern der europäischen Kultur einsetzte. Freilich berief sich diese Etappe auf eine noch länger zurückliegende Zeit. Auf das griechische und römische Altertum.

War es aber nun ein günstiger Zufall, daß man die klassischen Maße der Antike just in jenem Augenblick entdeckte, als sich der Barock in einem letzten Aufschäumen endgültig verausgabte? Daß man auf Winkelmanns Botschaft rasch aufmerksam wurde, als es galt, eine Gegenkraft zum sterbenden Barock aufzubauen? Klassizismus – das hieß künstlerischer Anstand, der auf die äußerlichen Effekte verzichtete und sich ganz auf das ideale Verhältnis an der Gestalt eines Kunstwerks konzentrierte. Die Sinne sollten nicht mehr laut jubilieren, sondern in lauterer Harmonie schweigend aufgehen. Der Mensch kommt um so eher in diese Stimmung, wenn er die Übersicht behält und nicht vom Kolossalen niedergedrückt wird; und wenn er nicht ermüdet angesichts der Wiederholung von ständig gleicher Form.

Frankfurt am Main darf es seiner städtischen Eigenart danken, daß es dieser Gefahr des Klassizistischen kaum erlegen ist, denn der Schritt zum Monumentalen um seiner selbst willen wurde selten gewagt. Und die Gleichförmigkeit ist aufgewogen worden von der bürgerlichen Überzeugung, daß die menschliche

Gesellschaft am besten harmoniere, wenn man sie als Addition von gegenseitig sich respektierenden, maßvollen Persönlichkeiten betrachte und also die Freiheit haben müsse, auch in seinem Haus Individualität des Geschmacks zu bewahren. Wohlgemerkt eine Individualität, die in begeisterter Übereinstimmung sich dem allgemeinen Zusammenklang fügte, denn ein Haus ist Teil eines Stadtgesichts, und das gehört allen.

Der Klassizismus in Frankfurt von seinen frühesten Ahnungen bis zu seinen letzten Regungen umreißt die Spanne von fast hundert Jahren. Er setzte mit dem Bau der Paulskirche ein und endete mit dem Bau des Opernhauses. Er brach sich Bahn im letzten Jahrzehnt der Reichsstadt, um als breiter Strom die sechzig Jahre währende Periode der Freien Stadt zu bestimmen, die mit der Annektierung durch Preußen 1866 endete. Historische Marken sind die Französische Revolution und die Gründung des Deutschen Kaiserreiches. In Frankfurt setzte der Klassizismus nicht schon in seiner ersten Stunde ein, dafür widerstand er aber länger der folgenden Epoche des Historismus, dem Antlitz der Stadt zum Vorteil. Ihr Glück war es, daß sie mit ihrem mittelalterlichen Kern mehr Historie aufzuweisen hatte als die meisten anderen Städte und also nicht so rasch Historie nachbauen mußte. Beides – Gotik und klassische Moderne – ist im Zweiten Weltkrieg zugrunde gegangen. Wir leben also von der Erinnerung. Sie ist um so schwerer zu bewahren, weil auch die schriftlichen Dokumente verlorengingen.

Die Bauamtsakten, im Frankfurter Stadtarchiv verwahrt, sind im Jahr 1944 allesamt verbrannt. Es war dies eine unwiederbringliche, nicht zu ersetzende Quelle, denn sie verwahrte seit dem 18. Jahrhundert für jedes neu zu bauende oder zu verändernde Haus die Unterlagen mit Zeichnungen und Rechnungen von Architekt und Handwerkern. Unwiederbringlich, weil dieser Vorrat an Nachrichten bis zu ihrer Vernichtung leider nicht genutzt worden war und sich also auch in der Literatur nicht niedergeschlagen hat. Einzige rühmliche Ausnahme war die Dissertation von Wilhelm Frithjof Dahl über »Die Tätigkeit des Baumeisters Salins de Montfort in Frankfurt am Main«, die 1929 als Nr. V in den

Schriften des Historischen Museums veröffentlicht wurde. Dieses Buch zeigt, was die Unterlagen zu leisten imstande waren und was sie auch für die Erhellung der Frankfurter Architekten in Salins' Gefolge hätten leisten können, zumal ein überwiegender Teil der Bauwerke bis zum Zweiten Weltkrieg noch stand. Diese Chance wurde nicht genutzt.

Fried Lübbecke, der Präzeptor der mittelalterlichen Stadt, hat auch über die klassizistische manches rechtzeitig aus den Archiven gezogen, es aber nicht zu einer systematischen Erhellung verwertet, sondern bei Fragmenten belassen. So kommt es, daß wir heute mehr über die Altstadt wissen als über die vieljüngere, die sie umgürtete auf den Linien der Wälle und Mainufer und ihre Fühler über die Gartenzonen bis in die Vororte streckte.

Frankfurt stand da übrigens nicht allein. »Von ungefähr 1900 bis ungefähr 1940 erschien sehr wenig über die Bauvorgänge des 19. Jahrhunderts in der kunstwissenschaftlichen Forschung«, stellt Hans Gerhard Evers (»Bibliographie zur Kunstgeschichte des 19. Jahrhunderts«, München, 1968) fest und nennt das Werk Schinkels die einzige Ausnahme. Wir können das heute nur schwer verstehen, denn – so meint Evers – in diesem 19. Jahrhundert ist wahrscheinlich mehr als in jedem der vorhergehenden fünfzig Jahrhunderte menschlicher Architekturentwicklung gebaut worden.

Daß in der Fülle von Untersuchungen aus den letzten fünfundzwanzig Jahren keine Arbeit über Frankfurter Bauten des 19. Jahrhunderts zu finden ist, mag zwar betrüben, läßt sich aber aus der singulären Situation erklären. Frankfurt war seiner Eigenart treu geblieben. Denn nachdem es mit französischer Hilfe vor der Wende zum 19. Jahrhundert Tritt gefaßt hatte, schaute es höchstens noch nach außerhalb, wenn es um repräsentative öffentliche Bauten ging. Der Wohnbau, von keinerlei dynastischen Rücksichten gesteuert, prägte einen eigenen bürgerlichen Typus, für den sich in Deutschland keine Parallele findet. Die Frankfurter blieben unter sich und folgten ihrem eigenen Gesetz. Der einzige Fremdling der ersten Periode ist Karl Schinkel gewesen, der in den zwanziger

Jahren für Franz Brentano-Birkenstock ein palaisartiges Haus an der Neuen Mainzer Straße baute. Und weil die Frankfurter Architekten ihrer Stadt treu geblieben waren und – bis auf einen – kaum auswärtige Aufträge ausgeführt hatten, gab es auch keine Aus- und Einstrahlungen, die das Interesse der neuen Forschung oder überhaupt erst einmal ihre Aufmerksamkeit hätten erwecken können.

Und die Frankfurter Forscher vor den großen Kriegen? Sie haben den Klassizismus in ihrer Stadt abgelehnt! Die Urheber der Architektur sind leider nicht auch fleißige Schriftsteller gewesen wie ihr Darmstädter Kollege Georg Moller und haben ihr Credo nicht zu Papier gebracht. Die in der wilhelminischen Zeit einsetzende Architekturdokumentation aber gefiel sich ausnahmslos in dem Lobpreis der Erzeugnisse ihrer eigenen Zeit und fand den Klassizismus langweilig, fade, phantasielos. Sie sah ihn vieler Worte nicht für würdig an. Paradebeispiel ist das 1886 erschienene Buch »Frankfurt am Main und seine Bauten«, herausgegeben vom Architekten- und Ingenieur-Verein. Man spürt in den 620 Seiten das Wonnegefühl, sich in den übernommenen historischen Stilen des eigenen Bauens baden zu können. Und was uns heute so stark zu interessieren beginnt, wird von den Urhebern selbst durchaus nicht als Anbruch einer neuen Epoche erkannt, sondern als nüchterne Tatsache, von der Entwicklung bedingt: der Ingenieur-Bau. Die klassizistische Periode aber wird geschildert an dem Plan neuer Stadtteile, »der mit seinen regelmäßigen Häuserblöcken von vornherein den Charakter nüchternster Langeweile atmete« (S. 87). Von Johann Friedrich Heß wird kundgetan, daß seine Bauten meistens eine »gewisse ängstliche Kleinlichkeit« verraten (S. 91). Dem französischen Emigranten Nicolaus Alexander von Salins wird immerhin bescheinigt, er sei ein talentvoller Architekt gewesen, der bald lohnende Beschäftigung fand. Und Friedrich Rumpf verdiene als tüchtiger Baumeister hervorgehoben zu werden. Der Paulskirche wird eine halbe Seite gewidmet, der neugotischen Dreikönigskirche in Sachsenhausen aber fast das Sechsfache.

Übrigens ging es hier den Frankfurtern wie den anderen. Friedrich Weinbrenner, der Karlsruher Motor des Klassizismus und für Südwestdeutschland die zentrale Kraft, wird von seinen badischen Nachkommen als äußerst trocken, dürftig, charakterlos und künstlerisch impotent bezeichnet. (Alfred Woltmann in den »Badischen Biographien« 1875.)

Eine monographische Untersuchung über die Stadtbibliothek ist die einzige gründliche Durchleuchtung eines klassizistischen Baus, die das 19. Jahrhundert hervorgebracht hat. Sie wurde für eine Festschrift 1896 angestellt: ein Glück, daß ein Jubiläum fällig war! Die Paulskirche mußte auf ihre erste Würdigung durch die Wissenschaft noch siebzehn Jahre warten; C. H. Jelkmann hat 1913 bis ins Detail die qualvolle Vorgeschichte in einer Schrift analysiert. Zwischendurch hatten feinsinnige Gelehrte die Epoche des Louis-Seize in Frankfurt im Bild vorgestellt: Professor Richard Hülsen veröffentlichte 1907 ein Buch mit großformatigen Abbildungen über die Tätigkeit Pigages und seiner Gefolgsleute; es war die Spiegelung einer längst historisch gewordenen Phase, die in der historisch denkenden Vorweltkriegszeit als klassische Partitur ins Konzept paßte. Mehr hätten die Bauhistoriker Jung und Wolff 1896 tun können, als sie in dem mehrbändigen Werk »Die Baudenkmäler in Frankfurt am Main« es bei Salins' Gartenhaus Leonhardi-Erlanger, Pigages Haus Großer Korb und dem Bethmann-Museum ließen.

Oskar Sommer, Architekt des Städelschen Kunstinstituts und Mitwirkender bei der Errichtung der neuen Börse, hat ähnlich geurteilt wie die Kollegen vom Architekten- und Ingenieur-Verein. Man spürt das Mißtrauen des national gesinnten Deutschen im Kaiserreich gegen das mächtige Übergewicht einer französischen Gruppe im Frankfurt der napoleonischen Zeit und den Hochmut der Baumeister, die sich als Vollstrecker historischer Vorlagen im Besitz des ganzen künstlerischen Reichtums ihrer Zeit wähnten. Sommer beklagte 1892 in seiner kurzen Schrift »Die bauliche Entwicklung der Stadt Frankfurt am Main«, daß man seinerzeit statt Stichbogen wieder gerade Fensterstürze angewendet habe, und die dazugehörige Ornamentik erinnert ihn an meist »wurstähnliche Kränze«. Salins bescheinigt er immerhin Harmonie, die sich zur schönen Wirkung steigert: doch »von der Nüchternheit zwar, die tief im Geist der Zeit wurzelte, konnte er sich nicht ganz befreien«. Noch mehr sei von diesem Manko der Baumeister Georg Heß beherrscht gewesen, der seine Studien in Paris gemacht habe. Die Neubaugegend im Fischerfeld und an der Schönen Aussicht mit größter Sparsamkeit errichtete Spekulationsbauten in Stein, atmeten »trostlose Einförmigkeit«.

Die wilhelminische Verleumdungskampagne haben Heinrich Weizsäcker und Albert Dessoff 1907 mit dem Werk »Kunst und Künstler in Frankfurt am Main im 19. Jahrhundert« beendet. Sie dachten ganz deutlich im Sinne der Romantik und warfen wie alle Kritiker dem Frankfurter Klassizismus vor, er habe sträflich Monumente der mittelalterlichen Stadt hinweggefegt; gemeint ist die Demolierung von Stadtmauern, Türmen und Toren in der napoleonischen Zeit, für Weizsäcker eine Tat der Aufklärung. Wie alle Kritiker vor ihm hat er die städtebauliche Leistung in ihrer Totalität nicht erkannt und sich auf Einzelstücke beschränkt. Er vermißt die Schinkels und Klenzes in Frankfurt und die glänzenden Monumentalbauten des neuen Stils. Das imposanteste Beispiel sei zwar die Paulskirche, doch »im Grunde nur ein achtbares Zeugnis der kühlen und verstandesmäßigen Art, welche in dem modernen Griechentum jener Epoche vorwaltete« (a. a. O. Bd. I, S. 60). Weizsäcker läßt wenigstens noch städtebauliche Momente gelten, freilich mit den Augen der gutbürgerlichen Gesellschaft gesehen. Die Neue Mainzer Straße zähle immer noch zu den eleganten Stadtteilen und habe sich ziemlich gut im Gepränge der älteren Zeit konserviert: »In dem hellgestrichenen und wenig gegliederten, mit farbigen Jalousien und mit diskretem ornamentalen Schmuck versehenen Putzbau ihrer vornehmen alten Wohnhäuser gibt die Straße noch immer einige hübsche Proben von der feinen und geschmackvollen Baugesinnung des damaligen wohlhabenden Bürgertums« (Bd. I, S. 60). Man sieht, daß der Klassizismus bereits zur Idylle geworden war.

Die »höchst gefällige Weise« von Salins' hellenistischem Stil wird hingenommen und die Stadtbibliothek von Friedrich Heß als die bemerkenswerteste Leistung des einheimischen Klassizismus anerkannt. Daß der gleiche Heß aber wenige Jahre später unter dem Druck des Städelschen Kunstinstituts in der Neuen Mainzer Straße die florentinische Renaissance nach Frankfurt hereingelassen habe, erscheint Weizsäcker im Jahr 1907 als die größte Tat, denn die Alleinherrschaft der Klassik sei damit gebrochen worden und die Romantik habe sich der Baukunst bemächtigen können. Und alles, was sich dann im Gefolge des Städel-Professors Maximilian Hessemer um die Pflege historischer Baustile des Mittelalters und der Frührenaissance bemüht hat, war für Weizsäcker Anlaß, tief in die Saiten seiner architekturgeschichtlichen Leier zu greifen.

Es mußte tatsächlich ein großer Einschnitt kommen mit einem Krieg, der die national abgefälschte Romantik traf, und zugleich der Beginn einer für das 20. Jahrhundert bezeichnenden Architektur, damit man in Frankfurt auch den Klassizismus neu sehen lernte.

In den zwanziger Jahren regte sich erstmals die andere Seite mit Hymnen und Meinungen, die gegen das bisherige Urteil Berufung einlegten. Rudolf G. Binding ist zunächst zu nennen, der 1924 ein »Lob Frankfurts« schrieb.

»Du schwingst die lange Reihe deiner Bürgerhäuser den Strom hinauf, weiß und hell, ein ununterbrochenes Band. Gleicher Sinn, gleiche Bedürfnisse, gleicher Wohlstand, Eintracht und Zusammengehörigkeit haben sie erbaut.« Der Dichter sah in diesem Preisgesang – die Uferzeile der »Schönen Aussicht« hatte er wohl vor Augen – den Ansatz einer modernen Großstadt dieses Jahrhunderts geprägt und sprach, sicher sehr subjektiv und im Wunschdenken befangen, mit dem Vokabular einer jungen Demokratie. Aber dann wird er deutlicher: »Die langen geschlossenen Reihen von Häusern sachlicher Vornehmheit, gediegenen Reichtums, die früher die Hauptadern des jetzigen Verkehrs kennzeichneten, sind unterbrochen von Allerleistil-Imitationen, unter denen alle aufblühenden Städte in den Jahrzehnten vor der Jahrhundertwende und noch über diese hinaus zu leiden hatten. Wo aber in westlichen und östlichen Straßen nahe dem grünen Gürtel der Anlagen zwischen tastenden Stilversuchen und Stillosigkeiten dem Auge sich jene ruhigen, einfachen, symmetrischen Häuser mit nahezu flachen Dächern zeigen, die über erhöhtem Erdgeschoß nicht mehr als ein Hauptgeschoß und einen Kniestock aufweisen und durch nichts weiter zu wirken scheinen als durch die einfachsten Verhältnisse von Flächen und Räumen, da sind deinem schönen Angesicht neue Schönheiten hinzugefügt; und fast, so fühlt man, hättest allein du von allen Städten in dem Frankfurter Haus einen einheitlichen neuzeitlichen Typ vornehmster Form auszubilden und beherrschend zu gestalten vermocht. Noch sind die weißen strengen Villenbauten äußerster Symmetrie und patrizischer Vornehmheit in jenen wahrhaft königlichen Parks der Bockenheimer Landstraße Zeugen jenes Geistes.«

In der gleichen Zeit hat Wilhelm Frithjof Dahl den Entschluß gefaßt, Salins' Frankfurter Zeit wissenschaftlich zu erhellen, hat Paul Ferdinand Schmidt 1927 in seinem Buch »Frankfurt am Main« ein Lob der klassizistischen Architektur ausgesprochen. Und am deutlichsten, wenngleich auch in einer wiederum zwiespältigen Zeit, hat Adolf Feulner den Klassizismus 1938 in den Griff bekommen. »Die feinen, einfachen Bauten kommen unserem Stilempfinden entgegen. Sie wirken modern. Die heutige Baukunst lehnt sich ja stark an die Baukunst um 1800 an.« Er gab zu, daß diese klassizistische Frankfurter Architektur zwar nicht sehr deutsch sei, weil ihre Urheber meist in Paris gelernt und ihre Motive unbedenklich beim Louis-Seize und Empire entlehnt hätten. Doch schließt Feulner wieder mit einem bemerkenswerten Satz: »Die Bauten sind auch schon Ausdruck des beginnenden Weltbürgertums, des fortschrittlichen, freiheitlichen, internationalen Geistes, den die Aufklärung ins Land gebracht hatte. Die aufblühende Kaufmannsstadt Frankfurt hatte diese weltbürgerliche Luft in vollen Zügen eingeatmet.« (»Frankfurt am Main« in der Reihe »Deutsche Lande – deutsche Kunst«, S. 112ff.)

Solche Einsichten haben auch die beiden Väter unseres Buches – Benno

Reifenberg und Dolf Sternberger – bestimmt, als sie mitten im Zweiten Weltkrieg darauf drangen, daß dieses weltbürgerliche Frankfurt im Bild festgehalten wurde. Sie haben gewußt, daß die Periode von der Paulskirche bis zum Opernhaus Frankfurts Bürgern eine geistige Klarheit verschaffte wie niemals vorher und nachher, eine Epoche der Reinigung innen und außen. Sie steht gleichwertig neben der Architektur unseres Jahrhunderts, denn sie führte wie diese auf den funktionellen Anlaß des Bauens zurück.

Frankfurts Stellung in Südwestdeutschland

Die Reichsstadt, im Zusammenhang mit den benachbarten, monarchisch geführten Städten betrachtet, kann sich zugute halten, Pläne und Taten für ein Aufbrechen des alten, längst zu eng gewordenen Kerns gleichzeitig, wenn nicht sogar früher gehabt zu haben. Die Idee, auf dem Fischerfeld ein neues Viertel anzulegen und also eine Stadterweiterung einzuleiten, kam im Jahr 1788 auf. Hüsgen nennt den Syndicus Borke als Vater des Gedankens, denselben, der in der gleichen Zeit auch im langen Streit über die Gestaltung der Paulskirche namens des Senats sprach. Im benachbarten Darmstadt entschloß sich Landgraf Ludwig X. bei seinem Regierungsantritt 1790 aus Gründen der Wohnungsnot ebenfalls eine Stadterweiterung, die dritte wie in Frankfurt, anzuordnen. Mit der Planung beauftragte er Johann Helfrich Müller, der Ausbau begann 1791.

Müller entwarf ein regelmäßiges Rechteck mit einer Hauptachse, der verlängerten Rheinstraße, die sich dreimal zum Platz ausweitete. Alle Längs- und Querstraßen schnitten sich rechtwinklig. Müllers Bauordnung sah dreistöckige Häuser mit niedrigem Dach vor; die bedeutenderen von ihnen waren durch Pilaster und Lisenen gegliedert, gelegentlich eine Attika angewandt. Im Ganzen dominierte eine ans Nüchterne grenzende, schmucklose Einfachheit, die sogar auf Fensterumrahmungen verzichtete. Der Ausbau der klassizistischen Neustadt ging in den zwei kommenden Jahrzehnten voran, bis dann 1810 Georg Moller kam und die nächsten Impulse gab. In Frankfurt legte Stadtbaumeister Georg Heß das Straßenalignement für das zu bebauende Fischerfeld 1792 vor und leitete mit der Versteigerung der Grundstücke den baldigen Anfang ein. Auch er hat, soweit es natürliche Gegebenheiten zuließen, im Sinne der städtebaulichen Gesinnung des 18. Jahrhunderts ein regelmäßiges Netz parallel laufender und rechtwinklig kreuzender Straßen entwickelt. Im Gegensatz zu Darmstadt aber war keine Notwendigkeit, den Plan auf eine Residenz hin zu orientieren und mit geräumigen Plätzen den Charakter eines fürstlichen Wohnorts zu prägen. Freilich waren räumlicher Großzügigkeit am Fischerfeld auch Grenzen gesetzt; der sumpfige, nachträglich aufzufüllende Boden erzwang weitere Rücksichten, während Darmstadt ein weites, fast grenzenloses Areal vor sich hatte. Wirtschaftliche Erwägungen dominierten in Frankfurt. Man verschenkte keinen Platz (außer der kleinen, schon frühzeitig angelegten Ausbuchtung der Brückhofstraße), damit die Wohnungsnot als auslösender Faktor der Bebauung behoben werden konnte.

Es läßt sich nicht feststellen, ob Georg Heß seinen Plan schon vor dem Darmstädter Entwurf konzipiert hat oder ob dieser ihm als Anregung diente. Möglich ist aber, daß Salins de Montfort ihm schon in den frühen neunziger Jahren mit Rat zur Seite gestanden hat, denn der Franzose lieferte 1790, noch von Straßburg aus, Entwürfe für die Gestaltung eines Marktplatzes nach Karlsruhe und war also mit städtebaulichen Gedanken vertraut. Festzuhalten ist auf jeden Fall, daß das Fischerfeld gegenüber der Darmstädter Neustadt sich viel weniger an die spätbarocke, auf ein Fürstenschloß hin orientierte Planung hielt und, der Denkweise kalkulierender Kaufleute in einem bürgerlichen Rathaus entsprechend, keinen Platz ungenutzt ließ. Statt einer Via triumphalis gab es gleichberechtigte Straßen.

Später als beide ist Wiesbaden auf die Idee gekommen, seine Altstadt mit einem klassizistischen Viertel zu umgeben. Die neuen Straßenzüge Friedrichstraße (1805), Wilhelmstraße (1812) sowie Taunus- und Rheinstraße (1820, 1830) tragen den Stempel von Johann Christian Zais, der aus der Karlsruher Schule Friedrich Weinbrenners kam und das erste Kurhaus (1808–10), das alte Museum (1813–17) und das Hotel »Vier Jahreszeiten« (1817–18) baute.

Als Georg Moller 1810 sich anschickte, Darmstadt innerhalb von vier Jahrzehnten das klassizistische Gepräge zu geben, hatte Frankfurt die entscheidenden Schritte schon getan. Die Entfestigung der Stadt war in vollem Gange. Moller dagegen mußte die seit den ersten Jahren der Erweiterung bestehende Einfassung mit Palisaden und Wall als unzeitgemäß beseitigen lassen, grenzte aber das Stadtgebiet durch eine umlaufende militärische Umgehungsstraße in Form breiter Alleen ab, die erst viel später zur Promenade wurden. In deren Verlauf setzte Moller die klassizistischen Stadttore – Heß hatte die seinen in Frankfurt schon errichtet —, ebenfalls als paarige Anordnung von Wach- und Zollhäusern.

In der südhessischen Residenz hatte es, ausgelöst von der Erweiterung 1790, freilich eine Bauverordnung unter Müller schon früher gegeben. Bezog sich diese Kanonisierung auf die noch nicht existierende Neustadt, so nahm Georg Heß 1809 jedoch die Zügel jeglicher Bauaufsicht für das ganze Stadtgebiet Frankfurts in die Hand. Es ist bemerkenswert, daß dieser entscheidende Schritt getan wurde, als Frankfurt unter der Weisungsbefugnis eines einzigen Mannes, des Fürstprimas Dalberg, stand und also pluralistische Interessen und Einsprüche dem formenden Willen des Stadtbaumeisters eher unterworfen werden konnten als nach endlosen zähen Debatten in einer Bürgerrepräsentation. Daß Georg Heß aber bei allem Pochen auf dem Statut nicht so weit gegangen ist wie der als Architekt zweifellos viel bedeutendere Moller, beweist die Tatsache, daß zwar Gebäudehöhe und Dachneigung nach oben hin begrenzt und Bauvorsprünge wie Erker, Zwerchhäuser und Überhänge verboten wurden, ansonsten aber dem Geschmack der Frankfurter Bauherren doch Freiheit gelassen wurde, wobei das Bauamt sich höchstens als Berater empfahl. Der Hofbaumeister Moller aber ging weiter: 1813 erließ er eine Weisung, wonach alle Häuserfassaden an den von ihm entwickelten Straßen in seinem Büro und unter seinen Augen gezeichnet werden mußten. Das Oberbaukolleg hatte zu genehmigen und auch die eingereichten Farbproben und andere Details abzustimmen. Man spürt also deutlich die unterschiedliche Auffassung des Bauens in einer monarchistischen und demokratisch regierten Stadt.

Beide Methoden hatten jedoch ähnlichen Erfolg: Mollers Talent konnte es sich erlauben, auf dem Reißbrett für Vielfalt in der Einheit zu garantieren, die Frankfurter Taktik gewährte bei größerer Liberalität diese Vielfalt auf lockerere Weise. Der neue Lebensstil im Wohnhausbau war hier und da geprägt.

Bei so vielen zeitlichen und stilistischen Ähnlichkeiten der Bauphase in beiden Städten ist es eigentlich verwunderlich, daß man nichts von engeren Kontakten weiß. Vor allem Georg Moller, der bekannte Baumeister Südwestdeutschlands, hat in Frankfurt keine Spuren hinterlassen, obwohl er repräsentative Bauten außerhalb nicht nur in Wiesbaden, sondern auch in Bad Homburg errichtet hat.

Einmal nur hört man von ihm. Im Jahr 1818 wurde er gebeten, ein Gutachten über die beiden Entwürfe für die Frankfurter Stadtbibliothek abzugeben, die sein Generationsgenosse, der junge Stadtbaumeister Friedrich Heß, geliefert hatte. Moller fand die Risse zweckmäßig und schön, riet aber von der Verwendung korinthischer Säulen am Portikus ab, da diese Ordnung als die prächtigste von allen für ein den Wissenschaften gewidmetes Gebäude zu reich sei und man sie dort einsetzen müsse, wo noch mehr Anspruch auf Pracht und Reichtum bestünde. (Fr. Cl. Ebward »Die Stadtbibliothek in Frankfurt am Main«, S. 87.) Es wurden auch noch andere kleine Änderungsvorschläge gemacht, und Heß arbeitete sie dann auch in seinen Entwurf ein, doch von seinen korinthischen Säulen ging er nicht ab, weil sie bei großer Eleganz zugleich Ruhe und Würde verbänden und für ein öffentliches Gebäude dieser Art den Vorzug verdienten.

Solche Differenzen, so klein sie in ihrer Tragweite für einen Bau sein mögen, offenbaren doch die unterschiedliche Denkweise in den Frankfurter und Darmstädter Baubüros. Moller als großherzoglicher Architekt hatte über einen Bibliotheksbau hinaus noch viele Bauobjekte repräsentativer Natur in seinem Repertoire und glaubte, ein Maximum an ästhetischer Wirkung dürfe nicht an einem Bücherhaus verschwendet werden, wenn man auch Schlösser und Paläste zu bauen hat. Derlei Potenzierung aber gab es in der Handelsstadt ohne personifizierten Souverän nicht. Wenn sich die Bürgerschaft einen Bibliothekspalast leistete, so war das Anlaß genug, zum Schönsten zu greifen. Moller hat übrigens in seinem Gutachten sehr wohl die Subjektivität ästhetischer Entscheidungen zugegeben und sie mit einer anderen Kategorie verbunden, die in Frankfurt verstanden wurde: »Der Begriff von Schönheit ist überdem so verschieden, daß es meines Wissens noch niemanden gelungen ist, hierüber etwas Positives zu bestimmen, aber mit diesem Begriff von Schönheit ist immer die Idee des Vollkommenen verbunden. Man wird daher mit Sicherheit annehmen können, daß das Zweckwidrige, welches der Idee des Vollkommenen geradezu entgegensteht, nie schön sein könne.« Sein Credo als Künstler entsprach sowohl dem Frankfurter Klassizismus als auch der modernen Auffassung der Integration von Zweck und Ausdruck: Schönheit komme von der Funktion eines Bauwerkes her, und man dürfe diesem nicht Fremdkörper, selbst wenn sie aus angeblich schönen Formen bestünden, aufzwingen. »... die wahre Schönheit eines Gebäudes muß aus dem Wesen und dem Innern desselben hervorgehen.« (Schornsches Kunstblatt vom 17. 12. 1827.) Vernünftig müsse ein Gebäude sein, konsequent und allen Forderungen auf die direkteste Weise entsprechend.

Bei aller prinzipiellen Einigkeit über den Stil der Architektur ist es aber zu keiner produktiven Zusammenarbeit zwischen Moller und Frankfurt gekommen trotz verwandtschaftlicher Beziehungen – der Städelprofessor Maximilian Hessemer war Mollers Neffe – und kollegialer Bekanntschaften – der Baurat Rudolf Burnitz kam aus der Schule Weinbrenners wie er. Man wird es nicht mehr erfahren, ob die dichte Phalanx der Frankfurter Architekten absolut keinen Auswärtigen hereinlassen wollte oder ob der ständisch anders orientierte Moller nichts mit der Handelsstadt im Sinne hatte.

Das Baustatut von 1809

Das Baustatut vom 11. Juni 1809 hat das Gesicht der Stadt Frankfurt für ein halbes Jahrhundert bestimmt und die Auswucherungen romantischer Ideen länger zurückgedrängt als in anderen Städten. Durch später folgende Gesetze von 1817 und 1819 bestätigt und durch Bestimmungen in der Folge der Ausdehnung der Stadt ergänzt, wurde es der Kanon eines typischen, rational bestimmten klassizistischen Wohnbaus. Die Höhen, je nach Straßenbreite, waren nach oben hin genau begrenzt, ebenso die Anzahl der Geschosse und die Neigung des Daches. Zusammen mit dem Verbot, an der Vorderfront über die Baufluchtlinie hinauszugehen, ergab sich von vornherein der klare Kubus. Die Andeutungen über die ästhetische Gestaltung der Fassade waren als vage Bestimmungen formuliert, wurden aber um so genauer erfüllt von zwei Generationen von Baumeistern, die auf den Stil eingeschworen waren.

Johann Georg Christian Heß war der Urheber des Statuts, und sein derzeitiger Dienstherr, Fürstprimas Karl von Dalberg, gab ihm den Segen. Die bisher geltenden Bauverordnungen entsprächen den Bedürfnissen und dem Geschmack der Zeit nicht mehr, hieß es in Dalbergs Proklamation, und seien außer Kraft gesetzt. Wie diese Bedürfnisse und der Geschmack aussahen, hatte Georg Heß bereits an der Schönen Aussicht deutlich vorexerziert. Die Details des Statuts schränkten denn auch nichts ein, was sich der Stadtbaumeister dort erlaubt hatte. Sie sanktionierten seine bisherige Tätigkeit sowohl als Planleger als auch Bauamtsvorsteher mit Kontrollfunktion. Spätere Generationen haben das Statut als ein Zuchtinstrument bezeichnet, vor allem als dekorative Tendenzen der

Spätromantik hochkamen oder Bauherren über die Maximalhöhe hinauswollten.

Über die Gebäudehöhe ist im Abschnitt II, § 1 festgelegt, daß in Straßen mit 40 Schuh und mehr Breite (1 Schuh = 28,4 cm) auf das Erdgeschoß, zu dem noch ein niedriges Zwischengeschoß kommen darf, höchstens noch drei Geschosse gesetzt werden. Das Ganze darf nicht höher als 64 Schuh über das Gesims sein. Ist eine Straße aber nicht viel breiter als 30 Schuh oder darunter, darf ein Haus nicht höher als 48 Schuh werden.

Wie der Bauherr die Höhe der einzelnen Geschosse angelegt haben will, bleibt seinem Willen überlassen. Das entspricht der Vorliebe für die Betonung des 1. Stockwerks, der Beletage, die gewöhnlich die Prachtzimmer eines Wohnhauses enthielt und deshalb höher sein durfte als die anderen Geschosse. Ebenso war das niedrige Attikageschoß auf diese Weise als zulässig erkannt.

Verboten aber war für alle Zukunft der Bau von Zwerchhäusern oder Belvederes, außerdem die Dachgestaltung in Mansards Manier. Das war, unter anderem, die Kampfansage von Georg Heß gegen die Frankfurter Altstadt und den Barock. Das flache, nicht in Erscheinung tretende Dach gehörte zum klassizistischen Bekenntnis von der klaren Ausführung eines Baukörpers, dem der steile Aufsatz die erwünschte Wirkung verwässert haben würde. Das Statut verlangte, daß die Dachhöhe überall unter dem rechten Winkel gehalten werden müsse. Der Paragraph 12 fügte der Raumlehre die weniger definierbare Ästhetik hinzu, das heißt die Gestaltung der Fassade. Es würde zur Ehre und Zierde der Stadt gereichen, verlautbarte Heß, wenn nach und nach die Fassaden der Gebäude »in einem guten Geschmack« gebaut würden.

Das Bauamt und besonders der Stadtbaumeister hätten die Pflicht, dem Bauherrn zweckmäßige unentgeltliche Ratschläge zu geben und ihn zu veranlassen, einen schöneren und geschmackvolleren Plan zu wählen, wenn er keine Nachteile dadurch haben werde. Sollte aber jemand aus Eigensinn oder aus Liebe zum Sonderbaren eine Fassade wählen, durch die ein offensichtlicher

Mißstand entstehen könnte und die allgemeine Straße verunziert würde, so habe das Bauamt das Recht, die Genehmigung zu verweigern. Es müsse den Bauenden anhalten, einen anderen Plan zu finden, »der mit den Gesetzen der Symmetrie und des guten Geschmacks vereinbarlich ist«. Über den guten Geschmack zu entscheiden, ist also dem Bauamt als Recht zugestanden worden. Wider den guten Geschmack – das legte der Paragraph 5 ausdrücklich fest – seien Überhänge sowohl im ersten als auch den höheren Stockwerken, außerdem Erker und Ausladungen, gleichgültig ob im Dachwerk oder sonstwo. Gründe für Ausnahmen würden nicht akzeptiert, denn die Überhänge der alten Häuser gereichten der Stadt zur größten Unzierde.

Man spürt die tiefe Abneigung eines klassizistischen Baumeisters gegen die mittelalterliche Bauweise, wie sie den Kern Frankfurts bestimmte. Man begreift auch, daß er und seine Nachfolger, so weit sie auf seinen Stil eingeschworen blieben, sich mit aller Macht gegen restaurative, historisierende Tendenzen zur Wehr setzten. Es ist die gleiche Situation, die ein Jahrhundert später die modernen Architekten bestimmte, als sie den reinen Kubus postulierten und jedem Rückgriff auf Vergangenheitsformen den Kampf ansagten.

Zur formalen Festlegung der Heß-Ordnung kam auch die des Materials. Alle neuen Häuser sollten fortan ganz in Stein errichtet werden. Hier gab es Ausnahmen, denn das Bauamt durfte unter bestimmten, nicht näher definierten Umständen erlauben, daß man vom zweiten Geschoß an Eichenholz für die Fassade verwende. Die Rücksicht auf den Gesamteindruck der Altstadt sowie auf Gepflogenheiten bei Gartenhäusern rings um die Stadt mag dieses Reglement bewirkt haben. Georg Heß selbst war in seinem puristischen Eifer jedoch von solcher Einfühlsamkeit frei: in der Töngesgasse baute er schon ein Jahr nach Erlaß des Statuts mit den Häusern Nr. 14 und 16 wahre Steinkolosse.

Die klassizistischen Wohnhäuser sind durchweg Putzbauten gewesen. Der helle Mörtel, der die ganze Fassade überzog, war in der Erdgeschoßzone, nicht obligatorisch, durch Fugenschnitt belebt, eine in die noch feuchte Masse eingezogene waagrechte Lineatur. Über den Fenstern war die horizontale Führung von einer strahlenförmigen abgelöst; sechs Schenkel saßen auf dem Sturz oder dem Bogen und schwenkten dann nach dem nächsten derart um, daß sie die Achsen trapezförmig verbanden. Salins hat dieses Muster der klassizistischen Frankfurter Wohnhausfassade mitgegeben. Aus früheren Perioden der Baukunst zwar längst bekannt, wurde es jetzt zu einem der sparsam verwendeten Stimulanzien auf der Wand. Gleich einer mit dem Lineal gezogenen, streng in der Fläche gehaltenen Rustika vermittelte es den Eindruck des Ruhenden und Lagernden eines Gebäudes. Zugleich aber ging von dem rationalen Dekor ein helles Strahlen aus, einem Lächeln gleich, das sich ein kühl rechnender, auf Haltung bedachter Hausvater im Mundwinkel erlaubt.

Die sechsschenklige Version des Fugenschnitts ist kein Dogma gewesen. Philipp Jakob Hoffmann hat am Bankhaus Rothschild beispielsweise über den Rundbogenfenstern des Erdgeschosses die Zahl auf zehn erhöht. Nach der Mitte des Jahrhunderts, mit fortschreitender Verfälschung des Frankfurter Klassizismus, ist die geometrische Wandgestaltung ihrer Natur entfremdet worden. Man rematerialisierte, im Rückgriff auf die Renaissance, die Lineatur durch angesetzte Polsterquader. Sie gaben, aus der Ferne gesehen, das gleiche Bild ab, wirkten in ihrer künstlichen Körperlichkeit aber bedeutend plumper. Sie folgten dem großen Irrtum, daß Reichtum der Mittel zugleich auch Reichtum des Geschmacks bedeute, selbst wenn letzterer sich auf einen vor dreihundert Jahren gültigen berief.

Da der Frankfurter Klassizismus nicht von Anbeginn geschichtlich reflektierte und das formschöne Zweckmäßige über die Erinnerung an einstige Kultur obsiegte, war mehr als in allen anderen deutschen Staaten eine moderne Integration vollzogen. Von den Leistungen der erstrangigen Architekten bis zu den braven provinziellen Arbeiten der eingesessenen Maurermeister ging als Grundzug durch alle Bauten das Streben nach Klarheit des Grundrisses und der Fassade. Ornamentik war nicht unbedingt notwendig, denn die Baukörper konnten auch ohne dekorative Applikationen allein durch das Gleichmaß vertikaler und horizontaler Kräfte Wirkung ausstrahlen. Es lag an der finanziellen Lage des Bauherrn, ob er sich außer schmalen Gesimsstreifen und dem Zahnschnitt am Kranzgesims noch weitere Belebung der Fläche leisten wollte wie Segmente oder Giebelchen über den Fenstern, eingelassene Reliefs, einen Balkon oder gar einen flachen Portikus vor dem Hauseingang, der dann zugleich den Balkon des Obergeschosses trug. Die Horizontale war die bestimmende Kraft. Man verließ sich darauf, daß die Vertikalen der nach dem Goldenen Schnitt entworfenen Fenster genügend Balance brächten, um den Bau nicht in die Breite zerfließen zu lassen. Schmale Risalite an den Seiten oder im Zentrum halfen bisweilen, die Flächenspannung mit angedeuteter Plastizität zu erhöhen.

Der Einflügelbau, gemäß den großstädtisch begrenzten Grundstücken, bestimmte das Bild mit der Fassade nach der Straßenseite zu, an Eckhäusern mit zweien. Die Rückfront blieb, falls sie keine Schauseite war, weniger auf Harmonie bedacht und nahm die Durchlässe aus den weniger repräsentablen Teilen der Wohnungen und des Treppenhauses auf. Die freistehenden Häuser aber an den Wallstraßen und die in unbeabsichtigter Bescheidenheit »Gartenhäuser« genannten Villen jenseits der Anlagen waren Rundumbauten, wobei die nach dem Garten hin gerichtete Fassade architektonisch sogar reicher gegliedert sein konnte als nach vorne, mit breiten Treppen ins Freie, pfeilergetragenen Balkons darüber oder pavillonartigen Ausbuchtungen.

Nur in der Innenstadt auf teurem Grund und Boden sowie in dem deutlich auf Spekulation angelegten Wohnungsbau am Fischerfeld ging man bis zum statutmäßig erlaubten vierten Stockwerk hoch. An den Wallstraßen und vor der Stadt hielt man bei der zweiten oder dritten Etage an. Die Breite der Gebäude begann mit vier Fensterachsen und konnte sich bis zu fünfzehn Achsen erstrekken. Ein solches Maximum lag bereits in der Größenordnung fürstlicher Residenzen und wurde nur deshalb nicht immer als solche wahrgenommen, weil es, zwischen belangloseren Bauten handelsstädtischer Kultur eingekeilt, seine maßvolle Schönheit nicht entfalten konnte. Das Palais Mülhens von Salins in der Großen Eschenheimer Straße war ein Musterbeispiel für den Hausbau bürgerlicher »Fürsten« in der Reichsstadt.

Die Zeitgenossen haben den Wert durchaus erkannt im Gegensatz zu den Nachfahren. Schon vom Beginn des 19. Jahrhunderts an wird ständig in Stadtbeschreibungen auf den Umstand hingewiesen. J. E. Gaudelius formulierte es in seinem »Beitrag zur Geschichte der älteren und neueren Verfassung der Reichsstadt Frankfurt« 1806 treffend: »Privatgebäude sind besonders in neuern Zeiten viele ansehnliche große von Stein auf den Hauptplätzen zu nicht geringer Verschönerung der Stadt aufgeführt worden (wovon noch einige in kurzer Zeit dazugerechnet werden können), die man in andern Städten Paläste nennen würde, und hier zugleich als musterhafte Häuser in verschiedenem Geschmack der Architektur gelten können.« Er nennt neun bei Namen, darunter Pigages Häuser Schmidt und Schweitzer sowie Salins' Bauten für de Neufville, Leonhardi, Sarasin und Mülhens. Ein späterer Wegweiser, J. H. Ludewig, hat 1843 die Erklärung dafür: »allein manche stehen nicht an geeignetem Orte, so daß der Effekt, den sie an anderer Stelle hervorbringen würden, fast gänzlich verloren geht«. Besonders sei das beim Haus Mülhens der Fall.

Und wie fein man schon zu unterscheiden wußte zwischen dem royalistischen Gepräge des Louis-Seize, des Empire und dem utilitaristischen Handelsstadtklassizismus, bewies das sehr poetische Frankfurter Bild Eduard Beuermanns (1835) von der »dreigeschnittenen Stadt«. Da wird von dem alt-ehrwürdigen, dem erhaben-modernen und dem säuberlich-modernen Frankfurt gesprochen. Das erste ist in der Altstadt zu finden: »Die Häuser daselbst, so schwarz eingeräuchert sie sind, so finster sie auf die Gasse hernieder schauen, so gebückten Hauptes sie sich zueinander neigen, daß kaum ein Sonnenstrahl zwischen ihre Reihen fallen kann, gleichen nur alten Greisgestalten, die viel mitgemacht, die uns aus längst verflossenen Zeiten berichten können, aus glorreichen Zeiten des deutschen Reiches...« Die erhaben-moderne Stadt läge an der Zeil und am

Roßmarkt. »Die Zeil ist eine schöne, vornehme Straße mit aristokratischem Antlitz; die Häuser derselben gleichen größtenteils den alten Patriziern einer freien Reichsstadt, oder vielmehr einer erhaben-steifen Reihe von Diplomaten. Ceremoniös stehen sie einander gegenüber, en chapeau bas und en escarpins. Die kleineren Häuser schauen demütig zu den größeren empor, wie die Gesandten kleinerer Staaten zu denen der größeren, die größeren Häuser lächeln stolz zu den kleineren hernieder und scheinen sich von diesen den Hof machen zu lassen. Übrigens ist hier alles modern und wie gesagt auch vornehm. Nur vom ›Römischen Kaiser‹ abwärts wird's demütiger und bürgerlicher.« (Der Gasthof »Römischer Kaiser« grenzte östlich an das Haus Leonhardi und beschloß die Zeile aus spätem Barock bis frühestem Klassizismus.) Besonders tief in die biedermeierliche Leier aber griff Beuermann, als er das säuberlich-moderne Frankfurt am Wall schilderte: »Die Häuser daselbst gleichen Leuten, die sich aus den Geschäften zurückgezogen und von ihren Interessen leben. Freundlich-prosaisch-bürgerlich sehen sie mit ihren Gärten umher. Sie scheinen ihre Morgenpfeifchen zu rauchen und sich die Zeitungen vorzulesen. Das Leben von fern betrachtend und dessen Stürmen entzogen, waltet eine eigene Ruhe auf ihren Mienen. Sie sind harmlos wie die Geldmenschen, die, solange der St.-Simonismus nicht um sich greift, nichts zu befürchten haben.«

Jetzt fällt es auf, wenn wir uns an Weizsäckers Interpretation der beschaulichen Wallstraßen erinnern, daß diese Neubauzone der Stadt offenbar doch das Air einer großzügigen, sachlichen Gemütlichkeit an sich gehabt hat. Wenn aber Beuermann die Häuser als Individuen schildert, die wie der wohlhabende Herr Biedermeier die Hände über dem Bauch falten und nur Angst vor dem Sozialismus haben, dann ist das höchstens eine Metapher der Zeit; sie suggeriert das Odium des Konventionellen.

Darüber läßt sich streiten, wenn man an die Bewohner dieser Häuser denkt. Die Bauherren am Wall und im Fischerfeld sind zum überwiegenden Teil höchst betriebsame Leute gewesen, sonst hätten sie nicht bauen können. Zu Beuermanns Zeit waren es Bankiers, Kaufleute, Juristen, Ärzte, Diplomaten, Wissenschaftler und – zugegeben – auch ein paar Damen und Herren, die von den Zinsen lebten. Erfährt man aber, daß viele von ihnen nicht allein ihr eigenes Wohl im Auge hatten, sondern es geradezu als ihre Pflicht ansahen, sich um die öffentlichen Dinge zu kümmern, so sieht dieser Biedermeier doch schon anders aus. Immerhin ergab ein Querschnitt der Besiedlung um die Jahrhundertmitte, daß von einunddreißig Ratsmitgliedern der Freien Stadt neunzehn in den Neubauvierteln gelebt haben. Und einer von ihnen, Bürgermeister C. C. V. Fellner, hat sich in der Seilerstraße 8 das Leben genommen, weil er den Verlust der Freiheit 1866 nicht verwinden konnte.

Von Bastionen zu Wohnvierteln

Diese Wallstraßen sind die Folgen einer äußerlichen Befreiung gewesen, nachdem die geistige mit der Aufklärung tiefverwurzelte Gewohnheiten allmählich aufgesprengt hatte. Die Stadt entledigte sich eines Kostüms, das ihr schon längst nicht mehr paßte: des Panzers aus Wällen, Bastionen, Mauern und Türmen – Verteidigungsanlagen aus Mittelalter und Barock, von der Waffentechnik überholt und der Vernunft zuwider.

Die Frankfurter, dem fröhlichen Promenieren mehr zugetan als dem kriegerischen Tun, hatten schon im 18. Jahrhundert ihre Festungsanlagen zweckentfremdet, indem sie auf den Wällen Alleen pflanzten, Bleichgärten anlegten und Bastionen zum Sommeraufenthalt nutzten. Das Recheneiamt kassierte Pacht dafür, der Stadtsäckel dankte dem geheimen Pazifismus vergnügungs- und erwerbsüchtiger Bürger. Und es bedurfte durchaus nicht allein des mit Nachdruck vorgebrachten Vorschlags aus Napoleons Kabinett, die Frankfurter möchten doch ihre Fortifikationen niederlegen! Die Nachwelt hat gern die Franzosen verantwortlich gemacht, daß Frankfurt seine steinerne Rüstung verlor. Es stimmt nicht. Der lange währenden Zweckentfremdung der Wälle waren schon unverblümte Anregungen gefolgt, längst bevor man an Napoleon dachte.

1791 erschien »Etwas über Frankfurt, aus der Brieftasche eines Reisenden«. Angeblich ist der Rat Georg Steitz, eine unruhige Natur, der Verfasser gewesen. Er plädierte für die Demolierung der Befestigungen und wollte an ihre Stelle tausend mittlere, neue Häuser gesetzt wissen. 1799 wiederholte die gleiche Stimme in der Schrift »Reichsfriede, Deutschland, Frankfurt, Neujahrsgeschenk für deutsche Mitbürger« noch einmal die Forderung. Gewiß fand er nicht sogleich offene Ohren, da es immerhin darum ging, das vertraute Bild eines scheinbar trutzigen Gemeinwesens zu zerstören. Aber die Saat begann zu keimen. Im gleichen Jahr machte sich der Geometer Thomas im Auftrag des Senats daran, einen maßstabgerechten Plan der Festungswerke zu zeichnen. 1802 kam dann der Anstoß aus Paris vom Außenministerium, der Senat ließ sich sogleich vom Bauamt einen Bericht machen. Die Meinungen waren geteilt: das Amt von Georg Heß wollte das Terrain außerhalb der Mauer schleifen, einebnen und die so gewonnenen 250 bis 300 Morgen Land Pächtern überlassen »für Gärten und jeden sonstigen Gebrauch«; nur die Stadtmauer wollte das Bauamt stehen lassen. Der Senat hingegen hätte gern die Werke als Zivilschutz erhalten. Aus Mannheim holte man sich den Oberbaudirektor Dyckerhoff, weil er erfahren war im Schleifen von Befestigungen. Sein Gutachten war noch radikaler: er wollte auch alle Tore und Türme niederreißen. Nun zog sich die Aktion vom Beschluß bis zum Handeln in die Länge. 1804 im Sommer gab der Senat seine Einwilligung, am Pestilenz-Bollwerk mit der Zerstörung anzufangen. Gelder und Kräfte waren aber nicht ausreichend vorhanden, worauf man am 19. 11. 1805 die Bürger aufrief mitzuhelfen. Kriegsereignisse und Politik mußten erst kommen, damit Dampf hinter die Entfestigung kam. In Gestalt des Fürstprimas Karl von Dalberg und des Senators Jakob Guiollett traten im September 1806 zwei Männer das Stadtregiment an, die von keinerlei Altfrankfurter Sentiment befangen waren. Guiollett besah sich die Arbeiten an den Wällen und fand, es gehe zu langsam, zu teuer, zu faul, zu uneffektiv, zu planlos und technisch ungenügend voran. Er kannte aber wohl die Menschennatur recht gut und spekulierte darauf, daß eigener Nutzen auch den Fleiß stärke. Deshalb bot er an, daß die seit Oktober planierte Wallzone zwischen dem Eschenheimer und dem Mainzer Tor (dem späteren Opernplatz) meistbietend versteigert werden solle und sich die neuen Besitzer das Gelände selber als Garten anlegen und ein Gartenhaus darauf hinstellen durften.

Eine stadtplanerische Maßnahme ist diese Initiative Guiolletts noch nicht gewesen. Das Bauamt zumindest erinnerte daran, daß diese Gartenhäuser den bestehenden »Verordnungen für Gebäulichkeiten vor dem Tor« unterworfen sein müßten. Die spätere Natur der Wallstraßen klärte sich im Jahr darauf. Kommissar Guiollett wollte keine Kartoffelbauern und gab, nachdem die Einebnung zügig eingesetzt hatte, im Frankfurter Intelligenzblatt eine Anzeige auf. Fünf Grundstücke wurden zum Verkauf angeboten und es dem künftigen Eigner überlassen, wie er seinen Besitz in einen Garten umwandeln wollte. Zugleich aber wurde mit dem weiteren Werben um Käufer auch eine Bedingung geknüpft und der Charakter des künftigen Wohngebiets festgelegt: »Kann er darauf Gebäulichkeiten, jedoch ohne schrotmäßigen Keller und ohne das geringste Gewerbe aufführen«. Das hieß: hier darf nur gewohnt werden! Geschäftsleben, Handel und Handwerk hatten draußen zu bleiben. Ein Zusatz Guiolletts vom 22. Juli 1807 im Intelligenzblatt war dann der Ausgangspunkt für das Wall-Servitut. »Damit aber kein Gebäude dem andern seine Aussicht versperre, so wird vorbehalten, daß diese in der obersten Lage des Gartens errichtet werden müssen.« Militärgeographisch definiert hieß das, es dürfte nicht weiter gebaut werden, als die Tiefe der Brustwehr des Walles und der Bollwerke reichte. Es bedurfte also erheblicher Lockungen, damit die Bürgerschaft zum Kauf animiert wurde. Allerdings sind auch die kriegerischen Zeiten zu bedenken, die jedermann in Bann hielten und noch sechs Jahre lang Unsicherheit über die Stadt bringen sollten.

Doch das Zögern war gebrochen, innerhalb von fünf Jahren wurden die Befestigungen niedergerissen, auf dem Wall die Straßen und die äußeren Grundstücke bis zum Graben festgelegt, und auf die Stelle der Mauer kamen die Häuser der Innenseite zu stehen. Etwa bis zum Ende der napoleonischen Ära waren die Grundstücke an private Hand veräußert worden. Jedenfalls ist später in den Grundbüchern der Stadt nur noch von einzelnen Zukäufen von Gelände am unteren Ende der Böschung die Rede. Am 23. November 1811 wurden die Namen der Straßen amtlich verkündet: Neue Mainzer Straße, Hohe Straße, Bleichstraße, Seilerstraße und Große Straße (später Lange Straße).

Die Anlagen

Es gilt, von diesem Teil des neuen Frankfurt zu sprechen, der nicht aus Architektur bestand, sondern aus einem Ring grüner Natur parallel zu dem weißen der Häuser: von den Anlagen, jenem »anmutigen duftenden Gürtel« (Alexandre Dumas) um Gegenwart und Mittelalter. Eigenlob des Frankfurters soll zurücktreten, der unbefangene, kritische Besucher von außerhalb ist ein besserer Gewährsmann. Es schreibt 1818 Jean Paul: »Die Spaziergänge um die Stadt sind schöner als die irgendeiner anderen; in der Ferne Bergreihen, in der Nähe der Main, gerade neben dir lange Gänge bloß von Akazien, dann wieder bloß Rosen, dann bloß Jasmin, und hinter dir die Prachtstadt, welche dir überall nur Paläste zukehrt.«

Oder Hector Berlioz 1843: »Welch eine liebenswürdig aufgeweckte Stadt! Tätigkeit und Reichtum macht sich überall bemerkbar; zudem ist sie wohlgebaut, glänzt und schimmert wie ein neues Hundertsousstück, und Anlagen, die im Stil der englischen Gärten mit Sträuchern und Blumen bepflanzt sind, fassen es grün und duftig ein.«

Das sagten welterfahrene und kultivierte Menschen, die keinen Anlaß hatten, in ihren persönlichen Briefen an Auswärtige die Frankfurter zu lobhudeln. Und trotzdem fragt man sich heute, ob derlei Hymnen, eingeschlossen die der Einheimischen und der Diplomaten vom Bundestag, nicht doch zu relativieren sind; ob nicht die neuen Anlagen als Kontrast zu der dunklen Enge der grünlosen Altstadt einen übertriebenen Überschwang der Gefühle provoziert haben, aber ohne diesen Vergleich womöglich doch nichts als brave öffentliche Promenaden waren. Gerade weil die Anmerkungen der Durchreisenden im früheren Frankfurt doch viel kritischer klangen, müßte Vorsicht vor Legendenbildung den Nachfahren bestimmen, zumal er selbst nicht mehr Augenzeuge sein konnte.

Nun gibt es aber die ausführliche Schilderung eines Rundgangs um die Anlagen aus dem Jahr 1827, geschrieben von Fr. Wilmans. In dieser Zeit sind die Anlagen fast schon zwanzig Jahre alt, die Bepflanzungen also herangewachsen; die Wallstraßen sind zu zwei Dritteln bebaut, die Anlagenstraßen dagegen noch fast frei von Häusern.

»Wir stehn am Obermainthor, neben welchem sich die Bibliothek erhebt. Das Wachthaus neben dem Gitter ist genau den Hallen des Campus militum in Pompeji nachgebildet. Tritt man hinaus, und wendet sich links, so steht man am Anfang der Lustwege, welche die ganze Landseite der Stadt umschlingen. Sie ziehen sich auf der Böschung des alten Stadtgrabens zwischen diesem und dem Fahrdamm hin. Ihre Einrichtung ist im Ganzen die, daß ein doppelter (an breiten Stellen auch ein dreifacher) Gang durch die Anlagen hindurchführt. Der (untere) Weg am Stadtgraben ist von diesem durch Gebüsch oder Blumenbeete getrennt; von dem Weg neben dem Fahrdamm scheiden ihn breite, mit Rasen, Blumen, Bäumen und mannigfach blühendem Buschwerk besetzte Beete. Der (obere) Weg neben dem Fahrdamm ist von diesem durch eine niedrige Hecke, oder durch Planken, stellenweise auch noch durch Gebüsch geschieden. Wo das mittlere Beet schmäler angelegt wurde, ist dieser Weg zu breiten Baumgängen eingerichtet, in welchem man bald unter Acacien, bald unter Linden, bald unter Ahorn, bald unter Tulpenbäumen Schutz vor den brennenden Sonnenstrahlen findet. Mehrfach sind die beiden Wege unterbrochen durch freiere, mit Ahorn, Birken oder Silberpappeln besetzte Plätze. An den Thoren, wo die Heerstraße die Anlagen durchschneidet, sind ebenfalls räumige, wohlbeschattete Plätze, von denen man auf Ruhebänken (die auch an anderen geeigneten Stellen nicht mangeln), die Aussicht auf die zu den Thoren aus- und eingehenden Gruppen, auf lachende Gärten und freundliche Landhäuser haben kann. Was die Annehmlichkeit des Ganzen erhöht, ist, daß der zwischen den Anlagen und der Stadt befindliche breite Graben fast durchgängig in schöne Gärten umgewandelt ist, so daß nach jener Seite hin die Begrenzung der Anlage nirgends schroff hervortritt; und daß aus dem Gebüsch und den Bäumen jener Gärten meist freundliche, oft auch prächtige, neue Gebäude vom jenseitigen Wall herüberschauen.

Den obengenannten Anfang der Lustwege bildet eine von Ahorn beschattete Rundung, wo eine große, einen Halbkreis bildende Bank zur Beschauung der Mainlandschaft einladet. Über das grüne Mainufer jenseits erhebt sich der, mit glänzenden Landhäusern prangende Mühlberg, neben ihm eine sanftgebogene Waldhöhe, an deren Fuß das freundliche Oberrad, und nahe am Fluß der Wasserhof mit seinen hohen Bäumen hervortritt.

Verläßt man die Rundung, so führen die Lustwege zu einem Salon von Hängebirken, neben welchem zur Linken ein Nadelholzgebüsch in seinen dichteren Schatten einen einfachen Halbtempel birgt. Letzterer ist (seit 1815) das Grabmal des wackeren Guiollett, der diese Anlagen in der Zeit von 1806 bis 1813 durch den kunstverständigen Stadtgärtner Rinz mit seltenem Eifer geschaffen hat. Folgen wir dem Weg, der zur Linken aus dem Salon herausführt, so finden wir uns nach einigen Schritten an dem Rande des Recheneigrabens, eines ansehnlichen, mit Schwänen und ausländischen Schwimmvögeln besetzten, von Trauerweiden umschatteten Teiches. Aufwärts steigend von diesem gelangen wir in ein dunkles Gebüsch von Nadelholz; der lichtere Baumgang von da leitet uns an das Allerheiligenthor. Die Hallen der im italiänischen Style gebauten

Zoll- und Wachthäuser sind durch viereckige Pfeiler gebildet. Der Name schreibt sich von der ehemaligen Allerheiligenkirche her, unweit des Thores, auf deren Stelle jetzt eine Volksschule steht. Die Heerstraße führt von hier über Hanau nach dem Nordosten von Deutschland.

In der Fortsetzung der Anlagen vor diesem Thor ragt eine hundertjährige amerikanische Linde hervor. Von ihr aus führt der engere Weg zur Linken an Blumenbeeten vorbei, so wie zur Rechten der breitere Baumgang unter Acacien nach einem freieren, mit Silberpappeln besetzten Platz, vor dem sich der stets mit ländlichen Gruppen besetzte Sandweg nach Bornheim eröffnet. Zwischen Büschen oder unter Bäumen ziehen sich von hier die Lustwege nach einer Nadelholzpflanzung hin, zwischen welchen der obere Gang hindurchführt. Wo das Gebüsch zur Linken sich öffnet, gleitet der Blick über einen Rasen hinab nach einem schöneingefaßten Teiche, und aufwärts wieder auf eine Aue, wo sich das einfach schöne Äußere des Bethmannschen Museums darstellt.

Fortschreitend zwischen Gebüsch auf dem einen oder andern Weg gelangen wir zum Neuenthor, welches sich uns zur Linken aufthut, während rechts unter zerzausten Pappeln das Denkmal der 1792 bei der Einnahme von Frankfurt gefallenen Hessen prangt. Neu heißt das Thor, seitdem es an die Stelle des alten Friedbergerthors auf der Altengasse getreten ist. Die Heerstraße führt von hier über Friedberg nach Norddeutschland.

Die einmal genommene Richtung verfolgend, kommen wir unter Bäumen oder zwischen Gebüsch (je nachdem wir den obern oder untern Weg eingeschlagen) an eine freie Stelle, wo die, bisher fast ununterbrochen neben den Anlagen sich hinziehenden Gärten, eine kleine Strecke weit zurücktreten, und die Aussicht auf das Gebirge frei lassen. Da, wo die Gärten sich den Anlagen wieder nähern, ladet eine von Roßkastanien beschattete Rundung zum Ausruhen ein. Wie kurz zuvor eine Fernsicht eröffnet war, so ist hier der Gesichtskreis von allen Seiten durch nahes Gebüsch begrenzt. Zwischen duftenden Bäumen oder Sträuchern gelangen wir weiter zum Eschenheimerthor. Die Straße führt von ihm aus zum Dorfe Eschersheim, daher der Name. Es ist mit weniger Veränderung noch das alte Festungsthor. Hinter ihm erhebt sich der 1346 gegründete Eschenheimerthurm mit seinen Zinnen hoch in die Luft, ein bleibendes Denkmal der zweiten Stadterweiterung. Zwischen ihm und dem Thor schmücken schöne, weiß marmorne Büsten von Alexander und Roxane zwei kleine Buschpartien. Zu seiner Linken ragt über die vorm Thor stehenden Platanen das Gebäude des naturhistorischen Museums.

Der nun folgende Lustweg ist der zuerst angelegte. Er wird auch, vornehmlich an den Sonntagsvormittagen, am häufigsten besucht. Ohngefähr in der Mitte desselben steht das Kurhaus, wo Mineralwasser und Milch zu haben sind. Ehe man zu demselben gelangt, erblickt man zur Rechten auf einer kleinen Anhöhe das prächtige Haus des Rosenbachischen Wirthsgartens [vormals das Gartenhaus Leonhardi von Salins], in dessen Hintergrunde sich reizend der Taunus erhebt. Zur Linken des Kurhauses duftet uns ein köstliches Jasmin- und Rosenthal an, rechts aber ladet ein kleiner Fichtenhain uns in seine lieblichen Schatten. Von letzterm aus führt uns die Wandrung durch die Anlage zwischen reichbelaubten Gärten nach dem Bockenheimerthor. Von diesem geht grade aus der Weg nach Bockenheim und dem lieben Hausen. Die Zoll- und Wachthäuser des Thors sind Nachbildungen der beiden Niketempel an den Propyläen der athenischen Akropolis.

Von dem Fahrdamm nach Bockenheim lenkt gleich vor dem Thore die Heerstraße nach Mainz ab. Treten wir von diesem Scheidepunkte aus wieder in die Anlagen, so finden wir uns bald auf einer Höhe, die mit Fichten und Hängebirken wohl bepflanzt ist. Hier schweift das Auge über eine grüne Matte in die weite Ebene hinaus, an deren Rand zur Rechten sich die Berge von Königstein erheben. Von dem untern Ende der Matte aus führt uns der Baumgang – das freie Feld zur Rechten – nach der Stelle, wo sich die auf dem Kupfer dargestellte Einsicht in die Gallengasse eröffnet. Zur Linken von diesem Standpunkt ist ein geräumiges Viereck regelmäßig mit Ahorn bepflanzt. Zur Rechten aber erscheint nach einigen Schritten das St. Gallusthor. Der heil. Gallus ward erst dann mit dem Patronat dieses Thors und der gleichnamigen Gasse beehrt, als die zartfühlenden Ohren der Frankfurter die Namen ›Galgenthor‹ und ›Galgengasse‹ nicht mehr vertragen konnten. Das Thor gleicht dem Eschenheimer, und rührt noch von der Festung her.

Die Anlagen zwischen Gallus- und Untermainthor sind von geringer Ausdehnung. In der Mitte derselben ist eine Orangerie angelegt. Auf zwei länglichen Vierecken sind hier mannigfache Arten südeuropäischer Gewächse zusammengedrängt. Im Sommer steht die Pflanzung frei, im Winter ist sie mit einem Bretterhaus überbaut, und wird durch Heizung von dem nordischen Frost gerettet. – Wenige Schritte weiter, so stehen wir am Untermainthor, wo das Wasser den Lustwegen ein Ende macht.« (»Taschenbuch von Frankfurt am Main. Ein Führer für Fremde und Einheimische.«)

Nun wird man den Enthusiasmus von Literaten, Musikern und Diplomaten verstehen, denn diese Gartenlandschaft ist die städtische Entsprechung jener gezügelten Natur, wie sie Goethe in seinem zur gleichen Zeit entstandenen Roman »Die Wahlverwandtschaften« geschildert hat. Diesen strenggebauten und heiter schauenden Häusern am Wall wäre eine gezirkelte Gartenanlage aus dem Barock als scharfkantige Wiederholung abträglich gewesen und hätte Geometrie fortgesetzt. Eine sich selbst überlassene wuchernde Flora aber, in die sich die Romantik so gern flüchtete, hätte noch mehr Gründe gegen sich gehabt: Widerstreit mit städtischem Repräsentationsbedürfnis und dazu mit dem fürstlichen, denn Frankfurt wurde in der Entstehungszeit der Anlagen von Fürstprimas Karl von Dalberg regiert; das Prinzip der Unordnung hätte statt der verschwundenen steinernen Bastionen einen pflanzlichen Panzer um die Stadt gelegt; das endlich befriedigte Bedürfnis nach Licht und Luft wäre mit der Zeit wieder eingeschränkt worden, ebenso der Wunsch der Bürgerschaft, sich in möglichst schöner Umgebung zu erholen, wie es bislang nur die wohlhabenden in ihren Gärten vor den Toren hatten tun können.

So ist es denn unter der Leitung des Gärtners Sebastian Rinz zu diesen Frankfurter Anlagen gekommen. Man spürt in Wilmans Schilderung das Prinzip der Gruppierung, der Transparenz und der Anpassung an die von der ehemaligen Befestigung geschaffenen »natürlichen« Voraussetzungen ungleicher Höhe und ungleicher Breite. Der Respekt vor der Pflanze ging so weit wie der vor dem architektonischen Teil am Bauwerk. Sie stand für sich allein und wurde als Persönlichkeit allenfalls noch gesteigert, indem mehrere der gleichen Spezies als locker gefügte Gruppe zusammengestellt waren.

Es war nicht die Rede vom undurchdringlichen Geflecht vieler Arten und auch nicht von einer bloß ornamentalen Funktion, einer Herabwürdigung des Botanischen zum Dekorativen. Schmale Wege weiteten sich mal zu Plätzen aus oder zweigten Seitenpfade zu Stellen mit schöner Aussicht ab, es kamen Überraschungen wie Weiher, Brunnen, Denkmale, ein Museum, ein Restaurant. Dem Bildungsbedürfnis der Zeit entsprechend, mußte zu den einheimischen Gewächsen auch noch ein Abschnitt mit mediterraner Flora kommen; man holte ein Stück – zur Winterzeit überdachtes – Italien in den Augenschein der ganzen Bürgerschaft.

Und dann die Unterbrechungen dieser Anlagen durch die Tore: Architektonisch gesehen waren sie Zitate aus der Antike und der Renaissance, übrigens die einzigen wörtlichen Anleihen beim klassischen Altertum in der Stadt, Klassizismus mit Gänsefüßchen. Die Tore waren die weißen Perlen auf dem grünen Gürtel, der Durchlaß in die Stadt hinein, an dem der Ankömmling sogleich gewahr werden sollte, daß man hier nicht nur die Sprache von Soll und Haben kenne, sondern auch die von Homer und Horaz.

Im wahren Sinne des Wortes waren also diese Anlagen Frankfurts so klassizistisch wie auch die Architektur ringsum. Nicht gestutzt und nicht schäumend, besaßen sie die innere Harmonie, wie sie auch am Wall herrschte.

JOHANN ANDREAS LIEBHARDT, Stadtbaumeister von 1759 bis 1785, hat den Schlußpunkt unter Frankfurts bauliches Gesicht vor der großen Wende gesetzt und zugleich auch, freilich ohne enthusiastische Überzeugung, eben diese Wende mit seinem Entwurf für die Paulskirche eingeleitet.

Über sein Geburtsjahr streitet man sich erheblich. Noch Fried Lübbecke in unseren Tagen hat das Jahr 1725 angegeben, doch Stricker revidierte 1881 bereits dieses überlieferte Datum, indem er herausfand, daß Liebhardt sich in einer Eingabe von 1787 als vierundsiebzigjährig bezeichnete, also 1713 geboren sein müsse; und in Jelkmanns Buch über die Paulskirche wird dann das Jahr 1714 kommentarlos fixiert. Ausschlaggebend wäre diese Datierung nur für die Zuschreibung des Hauses Behaghel in der Großen Gallusgasse 12. Stimmte der späte Geburtstermin 1725, dann hätte Liebhardt dieses rare Frankfurter Rokokohaus schon als Einundzwanzigjähriger gebaut. Bleiben wir aber bei der eigenen Aussage des greisen Stadtbaumeisters über sein Geburtsjahr, dann war Johann Andreas Liebhardt 1746 altersmäßig ohne weiteres in der Lage, dieses einfühlsam zwischen die gotischen Giebel der Gallusgasse eingepaßte spätbarocke Haus zu entwerfen.

Tatsächlich war Liebhardt der Sohn eines wohlhabenden Zimmermeisters, wurde in früher Kindheit schon mit dem Handwerk seines Vaters vertraut und auch mit der darüberstehenden Kunst, der Architektur. Johann Leonhard Liebhardt konnte es sich leisten, den Sohn auf ausländische Akademien zu schicken und ihn zwecks Baumeisterbildung durch Frankreich, England, Holland und Italien reisen zu lassen.

Wir kennen von ihm das Haus Behaghel, 1746–47 als dreistöckiges Steinhaus mit Mansarddach errichtet. Über einem dreiachsigen Mittelrisalit mit korinthischen Pilastern thronte ein Zwerchhaus mit Voluten und Flachgiebel. Die Fassadenstruktur wie auch die ornamentalen Reliefs waren Zeichen des späten

Barock, und es gab keine Überhänge – ein für Frankfurt bemerkenswertes Zeichen. (Immerhin hat Vater Goethe beim Umbau seines Hauses wenige Jahre später mit schlauem Trick die seinen erhalten können.) Es folgte das Haus »Stadt Antwerpen«, Neue Kräme 5, im Jahr 1749 – ein Steinbau mit Zwerchhaus und Wandgliederung aus ionischen Pilastern.

Nach dem Tod des Stadtbaumeisters Scharf im Jahr 1759 bewarb Liebhardt sich um die freigewordene Stelle. Er bemerkte dazu, er habe diesen Schritt erst jetzt gewagt, nachdem er sich durch eine vieljährige Erfahrung in den Stand gesetzt sähe, all das zu leisten, was dem hiesigen Bauwesen Nutzen bringe. Diese Bemerkung ist bedeutsam, denn Liebhardt war in diesem Moment, in dem er sich reif genug fühlte, schon fünfundvierzig Jahre alt. Alle seine Nachfolger im Amte wurden schon in viel jüngeren Jahren berufen; sie waren Nutznießer eines festen Kanons des Bauens, der sowohl gesetzlich als auch durch den weiten Widerhall in der Bürgerschaft fest verankert war. Liebhardt hatte seine Zeit in einer ausgesprochenen Spätphase Frankfurter Architekturperioden, die weder durch herausragende Aufgaben noch durch jungen Stil gekennzeichnet war.

Seine Entwürfe – neben öffentlichen Zweckbauten wie dem Forsthaus an der Sachsenhäuser Warte, der Wiederaufstellung des Liebfrauenbrunnens 1770–71 mit Johann Michael Datzerath, der Johanniskirche in Bornheim nebst Pfarrhaus 1778 – hatten denn auch dilatorischen Charakter. Zu nennen sind das Rote Haus auf der Zeil von 1767 (auf dem Platz der späteren Hauptpost) und das alte Schauspielhaus am Theaterplatz, für das er 1775 den ersten Entwurf fertigte, – Bauten, die schon in der folgenden Periode mehrmals Änderungen an den Fassaden erfuhren und in der wilhelminischen Epoche gänzlich abgerissen wurden.

Wie sehr Liebhardt aber in seiner späten Phase repräsentativen Bauens im Stil zwischen einem wenig eleganten Spätbarock und dem Zitieren prominenter auswärtiger Vorbilder pendelte, zeigt die qualvolle Geschichte seines letzten Auftrags, den er nach seiner Pensionierung 1785 übernahm: die Paulskirche. Noch im Amt, hatte er 1784 die Kränkung erfahren, daß die bürgerlichen Kollegien im Rathaus den zufällig in der Stadt weilenden italienischen Architekten Moretti mit einem Entwurf beauftragten. Dessen Plan war von Liebhardt denn auch prompt verurteilt worden, da er in der Kuppel das Pantheon falsch nachahme und sein Aufriß eine Kopie der Londoner St. Pauls-Kathedrale sei. Man hat später Morettis Plan als von der barocken Jesuitenkirche bestimmt interpretiert (Jelkmann). Jedenfalls wurde Liebhardt selbst beauftragt, konnte aber nicht reibungslos die Entwicklung weitertreiben, da rivalisierende Gruppen im Rathaus zuerst Gutachten des Oberbaudirektors Nicolas de Pigage aus Mannheim und des Würzburger Hofarchitekten Fischer verlangten.

Aus Gründen von Krankheit und Alter bat Liebhardt im Juli 1785 um Pensionierung. Um seine Nachfolge bewarb sich der Darmstädter Baumeister Schuhknecht und legte einen Paulskirchenplan vor, der in einem klassizistisch gemäßigten, holländisch norddeutschen Barock gehalten war. Wegen hoher Kosten – eine halbe Million Gulden – fiel der Plan durch. Liebhardt, der Gutachter, sollte nun wieder selbst entwerfen.

Inzwischen kamen andere Vorschläge: vom Frankfurter Zimmermeister Heimpell eine Rundanlage, wobei die Dresdner Frauenkirche anregend gewirkt hatte, und ein erstes ovales Projekt, wahrscheinlich von Borgmann, das Liebhardt die große Anregung gab. Der Stadtbaumeister a. D. lieferte am 14. 8. 1786 selbst eine Skizze ein für eine Kirche mit ovalem Grundriß, der vom Autor für den einzig möglichen gehalten wurde.

Das Projekt wurde im Rathaus gelobt; es gewähre nicht nur das allerschönste Ansehen in dem Gotteshaus selbst, hieß es, sondern dies könne sowohl mit weitläufiger Verzierung als auch im Gegenteil mit einer schönen Einförmigkeit zur inneren reinen Darstellung gebracht werden (Jelkmann S. 18).

Man spürt hier schon etwas von dem Vorklang der späteren Epoche, der sich im nüchternen Sinn Frankfurter Bürger äußert. Dieser Konsequenz ist Liebhardt jedoch durchaus nicht sicher gewesen, denn er lieferte ein im Grundriß gleiches Projekt, das im Dach eine Kuppel aufwies, bei dem die Dachgauben reich verziert aus dem weiten Schieferblock herauskamen. Und er hatte vorher selbst mehrmals mit kreuzförmigen Projekten experimentiert, war jedoch zugunsten des Ovals davon abgekommen, ebenfalls von einem Entwurf, der die Form der Kirche in ein Parallelogramm ziehen sollte.

Der inzwischen nach Frankfurt verpflichtete Architekt Johann Georg Christian Heß lobte das Oval, desgleichen der als Gutachter hinzugekommene Nicolas de Pigage. Der in Deutschland tätige französische Architekt äußert sich am 30. März 1787, er sei »von der Geschicklichkeit des Baumeisters Liebhardt so vollkommen überzeugt, daß er solchen in seiner Kunst nicht nur hier, sondern in ganz Deutschland für den geschicktesten halte«. Man darf diese Bemerkung nicht ganz ernst nehmen, denn obzwar Pigage gegen Liebhardts Entwurf keine nennenswerten Einwände erhob, lieferte er unaufgefordert selbst einen Entwurf für einen Rundbau und arbeitete insgeheim mit Georg Heß gegen Liebhardt.

Der greise Liebhardt, der sich isoliert sah, lieferte hierauf, wie in einem letzten verzweifelten Akt der Selbstbehauptung, noch elf Entwürfe, die sich teilweise auf Pigages Anregungen stützten. Es war ein Querschnitt extremer Möglichkeiten und ein denkwürdiges Zeugnis der Ratlosigkeit, in der Frankfurts letzter Stadtbaumeister vor dem Einsetzen des Klassizismus steckte. Er schlug nämlich vor: 1. Eine oblonge Saalkirche; 2. und 3. Die fast genaue Kopie der Dresdner Frauenkirche von Georg Bär; 4. Ein zentrales Sechzehneck mit Pigages vier Diagonaltürmen; 5. Ein gedrücktes Oval mit quadratischen, weit vorspringenden Treppenhäusern; 6. Fast barocke Grundrißverzerrungen nach Art Borrominis und Guarinis – man konnte auch Vorbilder wie Dientzenhofers Dreifaltigkeitskapelle in Waldsassen oder Neumanns Entwurf zur Kapelle Burgwindheim durchschimmern sehen; 7. und 8. Ein griechisches Kreuz mit drei rechteckigen Treppenhäusern und einer halbrunden Apsis, wieder nach dem Vorbild von Bärs Dresdner Schule; 9. Ein griechisches Kreuz gemäß Liebhardts früherem Entwurf; 10. und 11. Eine quadratische Saalkirche mit abgerundeten Ecken, innen wie außen äußerst nüchtern gehalten.

Immerhin: Einer war darunter, zu dem man sich schließlich verstand; als ein in Rundung gezogenes Oval – nach Plan 5 – wurde er zur weiteren Entwicklung in Auftrag gegeben. Des endlosen Streitens zwischen den Gremien müde, entschloß man sich zum ersten Spatenstich am 6. Juli 1787 unter der Bauaufsicht von Georg Heß. Pigage versuchte noch einmal mit einem neuen Entwurf ins Spiel zu kommen, der Liebhardts ovalen Grundriß beibehielt. Doch die Schöffen plädierten dafür, daß Liebhardt die Details ausarbeite, worauf dieser kategorische Bedingungen stellte. Er erlebte den Fortgang der Meinungsdifferenzen nicht mehr, denn am 19. Januar 1788 starb er, zermürbt von Krankheit und Kränkung. Sein Leben lang mit einem späten, ermüdeten Barock verbunden, den er selbst in einer selten graziösen, nüchtern derben Weise exekutiert hatte, kam die Aufforderung, den Schritt in das nächste Zeitalter zu wagen, für ihn zu spät. Er konnte ihn nur noch ahnen, allerdings auch nur als eine Möglichkeit unter mehreren anderen. Die Kraft, selbst von seiner Idee überzeugt sich durchzusetzen, hat er nicht mehr besessen.

Auch der französische Architekt Nicolas de Pigage konnte nur in seinen letzten Lebensjahren noch an dem neuen Frankfurt mitwirken, in einer umstrittenen Rolle als Gutachter und abgelehnter Planleger bei der Paulskirche, aber dann mit zwei Wohnbauten, die man als die ersten »im neuesten Stil« aufgeführten Häuser ahnungsvoll anerkannte. Pierre Colombier, der 1956 über die französische Architektur im Deutschland des 18. Jahrhunderts schrieb, nennt Pigage den vielleicht besten französischen Baumeister in dieser Reihe.

Sein Lebenslauf – 1721 bis 1796 – weist ihn als ein Kind des Louis Quinze-Stils aus. Architekt am baufreudigen Fürstenhof in Nancy 1745 und dann, seit 1748, an dem nicht minder lebhaften Kurpfälzischen Hof in Mannheim Leiter aller Bauvorhaben, pflegte Pigage fürstliche Repräsentation ins Werk zu setzen mit dem Park von Schwetzingen, den Schlössern von Bolanden und Zweibrücken in der Pfalz und vor allem im Schloß Benrath bei Düsseldorf, das zwar 1760 schon vollendet, bereits von der üppigen Gestaltung des deutschen Rokoko abgerückt ist und den gradlinigeren Geist der kommenden Epoche, des Louis Seize, vorwegnimmt. Denn Pigage war ein Franzose und also ausgestattet mit dem Instinkt seines Volkes, das in allen Kulturepochen mehr Sinn für die Maße eines Kunstwerks gehabt hat als der Nachbar jenseits des Rheins.

Die Académie Royale in Paris, das Mekka der Architektur seiner Zeit, hatte ihn gelehrt, daß die Neun Bücher von Vitruvs Architekturlehre und die Renaissanceordnung Palladios allezeit als Baukanon gelten müßten und auch die Dekoration Klarheit ohne Überschwang zu bewahren habe: Prinzipien also, wie sie im Deutschland seiner Zeit nicht gerade hochgehalten wurden.

Als er dann auch nach Frankfurt kam, um die Paulskirche zu begutachten, wurde er von einem in solchen Dingen nicht sehr erfahrenen Stadtregiment nicht unbedingt wie ein Papst der Architektur empfangen, dem nicht zu widersprechen sei, doch fand er mit allen seinen Vorschlägen wenigstens aufmerksame Partner. Waren schließlich seine Entwürfe doch nicht von Liebhardts und der anderen Teilnehmer dilatorischer, richtungsloser Vielfalt, sondern atmeten den Geist vorweg, der sich nur zwei Jahre später in seiner eigenen Heimat politisch mit dem Bastillesturm Luft machen sollte! Er plädierte für einen Rundbau, also eine der elementaren Bauformen überhaupt, die Gleichheit an jedem Punkt befürwortet und seit der Antike bekannt war.

Pigages Erklärung, von Heß weitergegeben, ist bezeichnend für den Geist der Aufklärungszeit und mußte in Frankfurter Kaufmannsohren wie die Synthese von Kunst und Kalkül klingen. »Die zirkelförmige Gestalt ist die schicklichste für eine protestantische Kirche und die einzig praktische für diesen Platz, um die verlangte Menschenmenge darin zu fassen, auch die leichteste, um die Architektur in ihrer Schönheit mit der nötigen Solidität zu behandeln.«

Auf einen Zusammenhang ist hinzuweisen, wenn es auch keinen unmittelbaren Beleg für seine Effizienz gibt: Pigage kam während der Paulskirchenzeit gut mit Georg Heß aus und hat sogar mit ihm geheime Absprachen gegen Rathaus und Liebhardt getroffen. Ob da nicht eine fast landsmannschaftliche Kameraderie bestand zwischen einem Mann, der in Zweibrücken ein Schloß gebaut hatte, und einem jüngeren Mann, der dort geboren wurde, Jugend und Maurerlehre hier verbrachte und dann an der gleichen Pariser Akademie studierte wie der prominente Architekt? Ein Zusammengehen in der für beide neuen Frankfurter Sphäre mußte sich geradezu zwangsläufig ergeben.

Auf jeden Fall war der noch jungfräuliche Boden in der Reichsstadt für den neuen Stil nun einmal empfänglich geworden, denn Pigage stellte die beiden ersten Häuser nach modernsten französischen Prinzipien an der Zeil hin. Das erste diente dem Handelsherrn Francesco Schweitzer-Alessina als Domizil und war ein veritabler Palast. Die Meinungen über ihn gehen auseinander. Im allgemeinen hat man ihn für das Hauptwerk des Louis Seize in Frankfurt gehalten, gemessen an den unmittelbar darauffolgenden Bauten Salins de Montforts, die jenen ausklingenden französischen Stil schon zu überwinden begannen. Freilich war auch diese Bauweise, durch Pigage auffällig in Frankfurt eingeführt, damals neu in der Mainstadt, denn die ornamentale und dekorative Verwendung an einigen Brunnen anfangs der achtziger Jahre hatte noch keinen Durchbruch in die große Form gebracht. Doch Pierre Colombier, den wir als den gründlichsten Kenner von Pigages wie auch Salins' Gesamtwerk akzeptieren müssen, hält den Palazzo Schweitzer für die Markierung eines wichtigen Abschnitts in der Baugeschichte Frankfurts und für den klassizistischen Bau Pigages, der den Louis Seize schon überwunden habe. An der dreistöckigen Fassade mit neun Achsen waren nur die Fenster in der Beletage mit Girlanden bekrönt, und auf einem Portikus aus vier dorischen Säulen saß ein Balkon: also nach außen hin eine denkbar klare Gliederung ohne Überrieselung der Fassade mit dekorativem Werk. Die Wirkung ging vor allem von den ausgewogenen Maßen des Baues aus. Noch die hartnäckigsten Gegner der klassizistischen Periode Frankfurts, die Verfasser des 1886 erschienenen, vom Historismus inspirierten Buchs »Frankfurt am Main und seine Bauten«, mußten zugeben, das Gebäude sei »heute noch eines der stattlichsten und schönsten der Stadt und zeichnet sich namentlich durch seine guten Verhältnisse aus«. Wer wundert sich dann noch, daß die Zeitgenossen Pigages und die Generation darauf nicht müde wurden, diesen ersten Einbruch der Moderne in das gotische Gewinkel der Stadt als eine ihrer Sehenswürdigkeiten zu preisen?

Goethe war anläßlich einer Durchreise 1797 von dem Pigage-Bau so begeistert, daß er ein maßstäblich genaues Modell einer der Fensterachsen an die Bauleitung des neuen Schlosses von Weimar schickte, damit man es dort als Muster verwende. Wie der erste Strahl der Frühlingssonne in den Jahrhunderte alten Frankfurter Winter, den er als junger Mann fluchtartig verlassen hatte, muß das Haus dem Dichter vorgekommen sein, der inzwischen auf der italienischen Reise und mit der »Iphigenie« längst zu dem Ausgleich klassischen Maßes gefunden hatte.

Neben dem später als Hotel »Russischer Hof« bekannten Schweitzer-Palast hat Pigage noch ein Zeugnis vom Anbruch des Klassizismus in Frankfurt hinterlassen mit dem Haus für den Kaufmann Johann Friedrich Schmidt an der Zeil – Ecke Brönnerstraße (damals »Hinter der Rose«). 1791 entworfen, war es als Auftrag das erste Echo auf den Palast Schweitzer, der von 1788 bis 1794 ein paar Schritte zeilabwärts heranwuchs. Wie dieser betonte auch das Haus Schmidt radikal die Horizontale. Je neun Fensterachsen nach beiden Straßenseiten in drei Geschossen und einer Attika, einem stark ausladenden Hauptsims, das sich über der Attika mit der Dachstufe noch einmal genauso kräftig wiederholte, gewährten den Eindruck sicherer Ruhe eines harmonisch gefügten Körpers. Das Erdgeschoß, dessen Wand von Fugenschnitt belebt und mit Rundbogenblenden über den Fenstern ausgestattet war, erschien als ein fester Sockel, über dem sich, durch ein Gesims abgetrennt, leicht und sicher das Haus erhob. An der Zeilfassade saß ein fünfachsiger Balkon im 1. Stock in der Mitte über der dreiachsigen Treppe, und die Fenster der Beletage sorgten für Rhythmus, indem sie abwechselnd mit Konsolgiebelchen und mit verblendeten Kranzormanenten geziert waren.

Als dritten Entwurf schreibt man Pigage noch das Haus »Zum Großen Korb« am Großen Kornmarkt zu, das sich die Familie Sarrasin 1795 bauen ließ. Da es aber eine stilistische Wiederholung des Hauses Schweitzer war, kann es auch ein einheimischer Baumeister nach den Plänen des Franzosen nachempfunden haben.

Freilich hatte der aristokratisch orientierte Pigage das Glück, während seiner letzten Lebensjahre – er starb 1796 in Düsseldorf – sich in dem bürgerlichen Frankfurt nicht wesentlich umstellen zu müssen. Er baute mitten in die Stadt veritable Paläste, denn wie das Haus für Schweitzer wurde auch das für Schmidt später – mit seinem zweiten Besitzer Mumm – »Palais« genannt und hatte die entsprechende, großzügig bemessene Grundfläche.

Dieser Eintritt in einen »echten, soliden und großen Stil«, wie Goethe ihn im Haus Schweitzer erblickte, hatte also noch immer etwas Singuläres in der an Prachtbauten nicht reichen Kaufmannsstadt und konnte nicht so sehr Schule machen wie das Wirken des zweiten französischen Architekten, der Pigage auf dem Fuße folgte.

Das war für Frankfurt der Glücksfall: Nicolas Alexandre Salins de Montfort. Eine Generation jünger als Pigage, 1753 in Versailles geboren, kam er anfangs der neunziger Jahre als Flüchtling vor der Französischen Revolution nach Frankfurt, nachdem er als junger Mann schon im Elsaß für den Kardinal Rohan Schlösser gebaut, sich an ähnlichen Konkurrenzen in Deutschland beteiligt und schließlich sogar – im Falle Karlsruhe – auch stadtplanerische Entwürfe gemacht hatte. Der Zeitpunkt seines Eintreffens in Frankfurt ist nicht genau bekannt, ebenfalls nicht der Grund, warum der Hofarchitekt ausgerechnet eine so unaristokratische Stadt als Zuflucht aussuchte. Die Tatsache spricht für beide: Salins sah Frankfurt als ein sich plötzlich verjüngendes Gemeinwesen (von dem ihm gut bekannten Pigage hatte er es wohl gehört und war womöglich von ihm animiert worden), und die Reichsstadt sah sich nach den besten Kräften um, damit sie aus einem vergleichsweise halb bäuerlichen Duft endlich in die Luft der großen Welt käme. Da die Kultur der Stadt bis dahin eher nach dem Westen orientiert war als nach Deutschland hinein, durfte man annehmen, ein elegantes Stadthaus nach modernstem Pariser Geschmack müsse eher Anklang finden als ein nicht minder modernes Brandenburger Tor.

Mehrere Umstände haben es begünstigt, daß mit Salins' Ankunft eine kontinuierliche Entwicklung einsetzte und sich in seinem Gefolge eine regelrechte Frankfurter Schule bilden konnte. Das war das Zusammentreffen mit dem Stadtbaumeister Georg Heß, der neidlos den größeren Salins als Ratgeber und Führer anerkannte. Und das waren die neuen städtebaulichen Aufgaben; mit der Erschließung des Fischerfeldes und der Wallbezirke waren mit einem Male ganze Stadtteile zu entwerfen und nicht mehr allein punktuelle Akzente zu setzen, wie es Pigage tat. Künstlerisches Kapital durfte in größere Räume investiert werden und brauchte sich nicht an Detailaufgaben zu verzetteln.

Rechnen wir die nicht belegbare Tätigkeit Salins' als Nothelfer an den beiden Kirchenprojekten der Französisch-Reformierten und der Deutsch-Reformierten Gemeinden ab, wie sie Frithjof Dahl für das Jahr 1791 vermutet, so ist die erste Wirkung des Franzosen am Haus Zeil 92 abzulesen. Die Umstände allein weisen Salins' Geschick aus, sich auf die bürgerlichen Verhältnisse umzustellen. Der Schloßbauer und Platzgestalter mußte zunächst auf kleinem Raum auskommen und hatte zudem noch mit einem halb angefangenen Bau zu rechnen, der zwischen dem Bauherrn, Johann Peter Leonhardi, und dem Baumeister, Johann Georg Heß, lebhafte Verstimmung hervorgerufen hatte. Dessen siebenachsiges Haus wandelte Salins in ein sechsachsiges um; da die Gesamtbreite konstant war, mußte sich die Fassade also großzügiger und ausgewogener im Verhältnis von Horizontale und Vertikale geben, als es bei dem kleinkarierten Gedränge von sieben Fenstern in einer Reihe der Fall gewesen wäre. Um den repräsentativen Charakter der städtischen Hauptstraße nicht zu stören, hat Salins die vier Mittelachsen als Risalit vorgelegt, durch Balkon im ersten Stock und Verdachung der Fenster herausgehoben und mit einem dreieckigen Giebelfeld gekrönt. Aufstrebendes, dem Genius loci des Frankfurter Baues entsprechend, hat Salins also mit seinem eigenen Anliegen zunächst noch verbunden – ein Meisterstück der Anpassung, zugleich aber auch ein Kanon von Architekturmöglichkeiten für die Zukunft. Die rundbogige Einfahrt links außen führte zum Hof hinter dem Haus, und rechts in der Durchfahrt führte die Treppe ins Haus hinauf: Diese Lösung haben die Baumeister in Salins' Gefolge noch jahrzehntelang in ihren Entwürfen für Häuser am Wall und am Mainufer fortgesetzt.

Was Salins dann baute, trug den Stempel seiner Persönlichkeit und brauchte behutsames Eingehen auf bereits Vorhandenes nicht zu berücksichtigen.

Pierre Colombier hat Salins' Stellung zwischen Heimat- und Gastland präzise formuliert: »Tatsächlich ist er unter den Architekten unseres Landes, die in Deutschland gearbeitet haben, einer der feinsinnigsten gewesen. Zweifellos kein Neuschöpfer, sondern eher ein Adapteur, der die Pariser Bauweisen mit erlesenem Geschmack übertragen hat, ohne sich im mindesten von dem Land beeinflussen zu lassen, in das er sie brachte.« (S. 225).

Salins hat in der Tat den Kontakt mit Paris nicht abreißen lassen und gewissermaßen taufrisch den Empire-Stil von Charles Percier und Pierre François Louis Fontaine um die Jahrhundertwende nach Frankfurt importiert, um das bereits hier etablierte, klassizistisch gestraffte Louis-Seize abzulösen. Seine Vorlagen bezog Salins in der ersten Phase des Frankfurter Aufenthaltes noch von Neufforges sechsbändigem Kompendium »Recueil élémentaire d'architecture«, (1757–76 erschienen). Seine Grundrisse sind aus diesem französischen Standardwerk abzuleiten, die Fassadenbehandlung ist aber plastisch zurückhaltender und hat dem Frankfurter Stil der Folgezeit zu seiner Eigenart verholfen. Salins blieb der Fläche verhaftet und ließ allein zarte Reliefs und flache Profile als gliedernde Elemente zu. Ehernes Gesetz war die gerade Front ohne Überhang und Mansarde, an deren Stelle er ein neues Geschoß, die Attika, einführte. Die schmalen Gesimsbänder als Geschoßtrennung gingen auf seine Anregung zurück, ebenso das vertikale Gegengewicht der Wandblenden über den Fenstern, die offenen Sohlbänke, konsolgetragene Balkons und die Risalite. Lange währende Wirkung hatte Salins' Grundriß der Etagen. Um die zentral gelegene Treppenanlage gruppierten sich die Zimmer, die untereinander alle durch Türen verbunden waren, aber nicht alle einen Zugang zum Flur besaßen. Salins hatte noch nicht in abgeschlossenen Mietwohnungen denken müssen, als er diese Raumanlage für das intern familiäre Leben entwarf. Aber der berühmte Frankfurter Grundriß steckte im Ansatz schon darin: Es bedurfte nur des Zugangs von jedem Zimmer auf den Vorplatz, um ihn zu realisieren. Auf der Schönen Aussicht ist das von den Schülern Salins' bereits eingeleitet worden.

Die Größe der Häuser brach mit den früheren Epochen Frankfurter Bauens. Fenster und Türen fielen größer aus, ebenfalls die Zimmer, gemäß wachsenden hygienischen Bedürfnissen freier, luftiger, gesünder.

Um das Jahr 1800, anläßlich eines Besuchs in Paris, hat Salins den Empire-Stil studieren können und ihn anschließend sogleich im Frankfurter Haus Mülhens angewendet. Er ist von einer weiteren Straffung der Bauglieder gekennzeichnet und kräftiger, elementarer als die dem Louis-Seize verbundene ruhige Ornamentik. Der Geist von Jean Nicolas Durand, des Professors an der Pariser Ecole Polytechnique, hat hier eine Entsprechung gefunden in strenger Sachlichkeit, die in Mauern, Türen, Fenstern und Gewölben die Wirkung der Architektur sah statt in Säulenordnungen und vielgliedrigen Körpern, also im Funktionellen und nicht im Ornamentalen.

Wilhelm Frithjof Dahl hat Salins' Frankfurter Tätigkeit in drei Etappen erkannt und beschrieben. Die erste, noch dem Louis-Seize verbundene reichte bis zum Jahr 1800: Haus Leonhardi, Zeil 92 (1795), der Englische Hof am Roßmarkt (1797), Haus de Neufville am Roßmarkt (1799), Gartenhaus Gontard, Bockenheimer Landstraße 42 (1799), Haus Sarrasin, Großer Kornmarkt 14 (1799). Die zweite Phase, nach der Pariser Reise anzusetzen, begann mit dem Haus Sinzheim, Goetheplatz 9 (1801), Haus Rittershausen, Domplatz 6 (1801),

Landhaus Gogel, Gutleutstraße 335 (1803–05), Haus Mülhens, Große Eschenheimer Straße 74 (1803), Gartenhaus Leonhardi (später Erlanger), Bockenheimer Anlage 15 (um 1806). Die dritte Phase schließt sich an Salins' Würzburger Aufenthalt von 1807 bis 1815, während dem er die Neuausstattung der Residenz für den Großherzog Ferdinand von Toscana leitete. Nach seiner Rückkehr begann er mit dem Neubau des Landgutes Riedhof, Mörfelder Landstraße 192, für die Familie von Bethmann 1815; es folgten das Haus Koester, Neue Mainzer Straße 59 (1816), das Haus Lutteroth, Roßmarkt 12 (1816) und das Haus Saint-George, Neue Mainzer Straße 15–17 (1818).

Die letzten Frankfurter Jahre Salins' bis 1823 liegen im dunklen. Gwinner gibt an, Salins habe für die Modewarenhändlerin Susanna Moreaux am Gailsweg (dem späteren Grüneburgweg) ein Gartenhaus gebaut und es 1821 selber erworben. Das Grundbuch weist tatsächlich aus, daß Salins in diesem Jahr den Garten im Gewann XII, 148, samt Gartenhaus gekauft hat. 1824 ist er grundbuchmäßig von ihm veräußert worden an den Handelsmann Leopold Heinrich Pfeil. Von dem Haus ist nichts weiter bekannt. Salins ist in dieser Zeit, schon ein alter Mann, nach Frankreich zurückgekehrt und starb, wie Pierre Colombier und Fried Lübbecke urkundlich nachgewiesen haben, 1838 in Nantes.

Gewiß hat Salins für viele Frankfurter Familien Innenräume umgebaut und im Empire-Stil dekoriert. Seine Autorschaft wurde jedoch häufiger von der Nachwelt in Anspruch genommen, als tatsächlich nachzuweisen ist. Max Freiherr von Goldschmidt-Rothschild, der letzte Bewohner des Palais an der Bockenheimer Landstraße 10, hat vor dem Ersten Weltkrieg Fried Lübbecke gegenüber geäußert, Salins habe wohl um 1800 den Kern dieses Baues als schlichtes Gartenhaus entworfen. Dafür gibt es keinen Beweis. Der Nachlaß des Architekten im Historischen Museum enthält eine Aufrißzeichnung, die ein Haus an der Ecke Bockenheimer Chaussee – Nach dem Bockenheimer Feld (später Oberlindau) zeigt. Dieses Grundstück gehörte zu Salins' Zeit aber Franz Gontard. Und es könnte also mit Maria Belli-Gontards Erinnerung übereinstimmen, wonach ihr

Vater das Haus durch Salins habe umbauen lassen. Überlieferung der Familie de Bary und ihr Niederschlag in der Literatur wollen auch das Landhaus Untermainkai 48 für Salins reklamieren, das zuerst den Gontards gehörte. Mit den authentischen Bauten des Franzosen verglichen, läßt sich aber keine Verwandtschaft feststellen. In jüngster, an Baudenkmälern des Klassizismus arm gewordener Zeit, ist es Mode geworden, spärliche Reste Salins zuzuschreiben. Hartnäckig wird die Meinung verbreitet, das Nebbiensche Gartenhaus in der Bockenheimer Anlage sei von ihm um 1810 entworfen worden. Nun hat dieser Zierbau im Grünen aber mit Salins' stets vorhandener Eleganz überhaupt nichts gemein, denn er ist vergleichsweise viel zu schwerfällig, um an ihm Salins' Hand entdecken zu können. Außerdem ist das Gartenhaus auf den geometrischen Stadtplänen von 1811, 1819 und 1832 noch nicht existent.

Ähnlich geht es mit dem Gartentempel, der am Schönhof stand und anfangs der sechziger Jahre in den Grüneburgpark überführt worden ist. In Salins' Nachlaß gibt es die Zeichnung eines chinesischen Pavillons für den Gasthalter Dick. Dieses Gartenhaus war gewiß für den großen Garten hinter dem Roten Haus an der Zeil bestimmt, das Dick bis 1832 innehatte. Der Entwurf stimmt aber nicht mit dem achteckigen, von vorspringendem Zeltdach gekrönten Bau am Schönhof überein. Belege der Tätigkeit für die Schönhof-Besitzer d'Orville und Barckhaus-Wiesenhütten lassen sich nicht finden.

Wir wissen nicht, wie er ausgesehen hat, und können die menschlichen Züge von Johann Georg Christian Hess nur aus seinem Wirken als beamteter Stadtbaumeister und aus dem Stil seiner eigenen Entwürfe erschließen. Schriftliches hat er nicht hinterlassen außer amtlichen Akten, und die sind verbrannt. Das ist ein Jammer, denn der von der Nachwelt häufig geschmähte Mann ist für das äußere Bild der Stadt mindestens so ausschlaggebend gewesen wie einer seiner Amtsnachfolger in unserem Jahrhundert, Ernst May, der Schöpfer des Neuen Frankfurt nach dem Ersten Weltkrieg. Heß war vielleicht noch wichtiger, denn seine

Ära, zu der auch die kontinuierliche Amtsführung seines Sohnes Friedrich zu zählen ist, hat fast sechzig Jahre lang ungestört ein Programm entwickeln können, während Ernst May nur fünf Jahre beschieden waren, ein gewaltiger Anlauf mit einem jähen, allzu frühen Ende.

Heß und May – es gibt viele Übereinstimmungen. Beide Stadtarchitekten brachen konsequent mit Traditionen, nicht allein solchen des Bauens, sondern auch des Lebens, das von diesem geprägt wurde. Beide legten moderne Gürtel um den alten Leib der Stadt. Beide waren schroffe Gegner des mittelalterlichen Kerns und zogen ihm die »faulen Zähne«, wo sie nur konnten. Heß ist dabei noch radikaler vorgegangen als später May und schreckte sogar nicht davor zurück, schöne, alte Baudenkmäler unter die Spitzhacke zu nehmen.

Man muß ihn verstehen: Der Sohn der Aufklärung und des Klassizismus wünschte, daß die Vernunft ihre Herrschaft auch auf das Wohnen in gesunden, hellen Räumen ausdehne, in Häusern, an denen es keine überflüssigen Schnörkel und spitzen Winkel gab. Heß gehörte zur ersten Generation dieser Denkweise; er sah sich mit ihr der Vergangenheit als noch lebendigem Organismus direkt konfrontiert. Und die Ersten sind bekanntlich meist die Radikalsten, wenn es gilt zu revolutionieren.

Georg Heß kam 1756 im pfälzischen Zweibrücken als Sohn eines Hofbüchsenmachers zur Welt und folgte dem Vater nicht im Handwerk, sondern machte eine Maurerlehre durch, um dann in Paris 1774 für zwei Jahre die Académie Royale de l'Architecture zu beziehen, das Zentrum des permanenten französischen Klassizismus auch zu Zeiten, da man noch im Rokoko lebte. Frankreich war für Heß sein Leben lang die Richtschnur, und man spürt es seinen Bauten an, daß er nicht in Italien gewesen ist. Von seinem persönlichen Lehrer Salins sind ausgedehnte Studienreisen in den Süden übrigens auch nicht bekannt. Das finanziell und kulturell in Frankreichs Kielwasser schwimmende Herzogtum Pfalz-Zweibrücken ließ den jungen Heß rasch avancieren. Der Bauakzessist seines Landesherrn wurde 1780 Bauinspektor in Kirchheim und

1784 Baudirektor des Fürsten von Salm-Kirburg. Ein Jahr darauf trat Liebhardt in Frankfurt von seinem Amt zurück, in dem Jahr, da man sich zum Neubau der Barfüßerkirche, der späteren Paulskirche, entschloß.

Wir kennen die Gründe des Senats nicht mehr, Georg Heß zum Stadtbaumeister zu berufen gegen die Konkurrenz des Darmstädters Friedrich Schuhknecht, der Exerzierhaus und Kollegiengebäude in der südhessischen Residenz gebaut hatte. Aber die Entscheidung der Stadtväter entsprach genau der bisherigen Orientierung. Denn bei der Planlegung der Barfüßerkirche hatte Jahre zuvor schon der kurpfälzische Bauinspektor Mayer aus Mannheim Gutachten geliefert, nach ihm wurden Oberbauinspektor Pigage aus Mannheim und der Saarbrückener Baudirektor Lautemann als Experten ausersehen. Pigage schaltete sich zwei Jahre darauf aktiv ein: Man sieht, der Blick der Frankfurter Ratsherrn fiel auf den Südwesten, wo der kulturelle Einfluß des gallischen Nachbarn dominierte. Daß Heß als Zeugnis für seine Bewerbung die Zeichnungen für eine Rundkirche beilegte, weist ebenfalls auf die Interessenlage beider Seiten hin.

Heß kam, fungierte zunächst als Stadtbaumeister und avancierte 1787 zum Vorsteher des Stadtbauamtes. Er kam, sah und begann sofort gegen die einheimische, stilistisch ermüdete Baupolitik der Ära Liebhardt zu opponieren. Er tat das so intensiv, daß er sich einen strengen Verweis des Senats einhandelte, weil er Liebhardts Entwürfe ohne Auftrag abgeändert und Pigages verworfenes Rundbauprojekt wieder in die Diskussion gebracht hatte. Der also Gerügte versprach, sich in Zukunft genauer nach den Befehlen des Rats richten zu wollen.

Von seiner Überzeugung konnte ihn aber niemand abbringen, denn sie stützte sich auf exakte Zahlen, auf die Harmonieberechnungen aus Antike sowie Renaissance. Die Gutachten von Heß beweisen, wie exakt, auf den Schuh genau, der beginnende Frankfurter Klassizismus ein Bauwerk in ausgewogene Verhältnisse der Proportionen setzen wollte. Die achtzig Schuh Turmhöhe von Liebhardt seien um dreißig Schuh zu wenig, urteilte der junge Stadtbaumeister und berief sich auf Vitruv, der die Höhe als die Hälfte der Addition aus Länge und

Breite sähe; also müsse der Turm 116 Schuh hoch werden. Zum gleichen Ergebnis müsse man kommen, wenn man Palladios Formel anlege, das heiße, Länge mit Breite multiplizieren und daraus die Quadratwurzel ziehen. Demnach hätte Liebhardt sich um 37,5 Prozent verrechnet – ein Fehlbetrag, der aus der Unkenntnis des alten Architekten zu erklären ist oder eher noch aus seiner Abneigung, die klassisch-antike Proportionslehre als zeitgemäßes Maß anzuerkennen.

Sogar das Gutachten des Berliner Oberhofbauamtes, unterzeichnet von Langhans, bestritt Heß mit Argumenten der Säulenstellung von Blondel und Palladio.

Er dachte auch viel eher in kaufmännisch nüchternem Sinn als manch ein Eingesessener. »Eine protestantische Kirche mit Emporebühnen kann als ein in mehrere Stockwerke eingeteiltes Gebäude betrachtet werden. Aus dieser Ursache sowohl als auch, um die unproportionierten hohen Kirchenfenster zu vermeiden und, um zugleich dem Mauerwerk mehr Verbindung zu schaffen, habe ich meine zu der Kirche entworfenen Zeichnungen mit mehreren übereinander zu setzenden Fenstern gemacht.« So lautete es in einem früheren Gutachten von Heß. Die Kirche sollte nicht allzu weit von dem kommenden Kanon klassizistischer Bauweise entfernt sein und möglichst wie ein Bürgerhaus betrachtet werden, deswegen müßten allzu hohe Fenster vermieden und auch – im gleichen Zusammenhang ausgesprochen – keine kostspieligen hohen Kuppelbauten riskiert werden.

Bei dieser Gelegenheit muß an die in diesen Jahren eingeleiteten Projekte für Gotteshäuser der Deutsch-Reformierten und der Französisch-Reformierten Gemeinden hingewiesen werden. Tatsächlich waren sie in der Gestaltung der Fassade und Eingliederung in die geschlossenen Straßenwände am Kornmarkt und an der Allee als normale Häuser im Louis-Seize-Stil zu betrachten – entsprachen also den Grundsätzen der beginnenden Ära Heß. Am Kornmarkt wurde die Fassade in zwei fast gleichwertige Geschosse aufgeteilt mit Fenstern von drei und viereinhalb Metern Höhe, bei 1,70 Meter Breite und 3,50 Meter Achsenabstand;

an der Allee gingen die Fenster zwar fünf Meter hoch bei gleichem Breiten- und Achsenmaß, doch wurde der Überschwang gedämpft, da über das Erdgeschoß des »Bethauses« noch ein Geschoß mit gewöhnlichen Zimmerfenstern gesetzt wurde, in dem der Pfarrer wohnte. Kein Turm, kein ausladendes Portal – wenn ein Passant nicht genau auf die Inschriftentafel schaute, mußte ihm nicht auffallen, daß er vor einem Sakralbau stand. Das war näher am künftigen Ideal von Georg Heß als die Paulskirche, deren untere Hauptfenster fast elf Meter hoch waren, bei nahezu 2,50 Meter Breite und sieben Meter Achsenabstand.

Georg Heß hat die Paulskirche nicht von vornherein nach seinem eigenen Willen durchbilden können. Die ersten Jahre seiner Frankfurter Zeit standen im Zeichen von Versuchen, von Korrekturen und vom verständnisvollen Eingehen auf die Vorschläge erstrangiger Kräfte wie Pigage und Salins, denen Heß zweifelsohne den Weg geebnet hat. Auf seine Anregung hin dürfte auch an der Großen Sandgasse 6, mitten in der Altstadt, 1792 ein Neubau hochgezogen worden sein für den Kaufmann Cornill, der bereits die kommenden Dimensionen verrät: vier Geschosse hoch, mit steinernem Erdgeschoß und verputztem Fachwerk, ohne jeden Überhang, ein Haus, das in die projektierten neuen Viertel der Stadt hineingepaßt hätte. Der Entwerfer ist nicht mehr zu eruieren, doch darf als sicher gelten, daß der Stadtbaumeister seine Hand im Spiele hatte, denn außer ihm ist zu dieser Zeit kein Architekt bekannt, der hier einen derartigen Gedanken hätte hegen können. Es entsprach schon vollkommen den Prinzipien des Baustatus von 1809.

Daß Heß aber selbst noch der Korrektur bedurfte und keineswegs aus eigenen Kräften das Generalmodell künstlerisch bewältigen konnte, bewies sein Entwurf für Leonhardis Haus an der Zeil, das von Salins in eine günstigere Gliederung gebracht wurde.

Die Stärke von Georg Heß lag in seiner Fähigkeit, Kunst und Kommerz sinnvoll koordinieren zu können. Das heißt nicht mehr und nicht weniger als die dritte Stadterweiterung, beginnend mit dem Bebauungsplan für das Brückhofgelände und das anschließende Fischerfeld, später dann die Idee, auf dem abzutragenden Festungsgürtel Wohngebiete zu projektieren. Bedenkt man, daß die erste planmäßige Vergrößerung der Stadt in der Mitte des 12. und die zweite in der Mitte des 14. Jahrhunderts eingeleitet worden war und eine Regenerierung hinterher immer nur punktuell auf alten Fundamenten geschah, so läßt sich einsehen, welch ein Ereignis für die Stadtgeschichte diese stadtplanerischen Maßnahmen bedeuteten, die Mittelalter und Gegenwart hart aneinandersetzten, ein lebendiges, aber allmählich unbequem gewordenes Märchen mit modernem Komfort konfrontierten. Auf dem freien Feld hinter dem Brückhof an der Alten Brücke wurde ein Viertel im Quadratschema errichtet, wie gleichzeitig bei der Stadterweiterung in Darmstadt und lange vorher schon in der badischen Residenz Mannheim.

Bei allem Willen zur unerbittlichen Neuerung hat Georg Heß dennoch Einfühlsamkeit an Vorgegebenes bewiesen und seine Projekte an den Kern der Stadt gebunden. Er setzte am Brückhof nahe der Alten Brücke einen rationalisierten späten Louis-Seize direkt neben die gotischen Giebel der Altstadt, nahm dabei aber in der Straßenführung Bezug auf das Wahrzeichen Bartholomäusdom, denn in der Anschlußzone weitete er die verbindende Brückhofstraße zwischen Fischerfeld und Fahrgasse zu einem kleinen Platz aus. Dieser gewährte den freien Blick auf den Domturm auch von jeder Stelle der Fischerfeldstraße im Neubauviertel. Heß nahm sogar, um solchen Effekt zu erreichen, eine geringfügige Parallelenverschiebung der Fischerfeldstraße gegenüber der Schönen Aussicht in Kauf.

Die Stadterweiterung wurde vom Jahr 1792 an realisiert. Sie war dringlich geworden, um die spürbare Wohnungsnot zu beheben. Die Vokabel Wohnung umriß von nun an eine andere Dimension. Sie war nicht identisch mit dem eigenen Haus für jeden Bürger, wie es bisher die Regel gewesen. Da diese Mietwohnungen aber mehr Platz boten, großzügiger geschnittene und hygienisch zuträglichere Behausungen wurden als die bisherigen Eigenheime, haben sie sehr schnell die Frankfurter zu der ungewöhnlichen Umstellung der Lebensgewohnheiten veranlaßt. Es wurde in den kommenden zwei bis drei Jahrzehnten geradezu Mode, in der »Neuen Anlage« zu wohnen. Diese Dimension des Mietens und Vermietens hat zugleich den wirtschaftlichen Aspekt ins Spiel gebracht, denn die Investition der Bauherren brachte erstmals genau zu kalkulierende Rendite.

Solche Rücksichten mußten zugleich die reichsstädtische »Konnivenz«, die Fähigkeit des Ab- und Zugebens, auch im Baustil sichern. Von vornherein war die vierstöckige Hausart genehmigt, wenngleich auch erst siebzehn Jahre später statutmäßig sanktioniert. Aber Reichtum oder Armut der Fassadengliederung blieb dem Geschmack und der finanziellen Kraft des einzelnen überlassen. Heß hat lediglich unterbunden, daß Rückgriffe auf barocke oder noch ältere Stile geschahen. Gebaut wurde nach dem Katalog der Louis-Seize-Muster de Neufforges. Das macht es in der Brückhofstraße schwer, die Hand des Architekten zu identifizieren. Hülsen will Salins erkannt haben, doch ist das zweifelhaft, denn selbständige Lösungen, wie man sie von ihm gewöhnt ist, finden sich nicht darunter. Eher ist anzunehmen, daß sich anerkannte Maurermeister wie die Macks und die Kaysers, seit dem Bau der Paulskirche und der Reformierten Bethäuser mit Heß in dauerhaftem Konnex, der französischen Vorlagebögen bedienten und den Bauherren eine Auswahl von Fassadengliederern und Ornamenten vorlegten. Heß ließ die Variabilität zu und erreichte, daß Nüchternes neben Heiterem zu stehen kam und die Straßenwände nicht in Monotonie gerieten. Wahrscheinlich hätte er auch nicht die künstlerische Kraft gehabt, ein ganzes Viertel bis ins letzte Detail einheitlich zu entwerfen, wie es Georg Moller später in Darmstadt vermochte. Und es ist sehr zu bezweifeln, ob die bürgerliche Freiheit der Frankfurter solches Diktat ertragen hätte. Es war schon eine große Leistung und spricht für die Überzeugungskraft von Georg Heß, daß er quasi über Nacht eine allgemeine Baugesinnung hat durchsetzen können, ohne gleich über die gesetzliche Handhabe zu verfügen. Daß er selbst nichts gegen das Bauen nach

Vorlagen hatte und auch nicht das Genie zum eigenen Entwurf wie Salins, bewiesen seine späteren Stadttorbauten im Stil bestimmter antiker Tempel.

Der Stadtbaumeister hat sich zu Beginn des neuen Jahrhunderts, als das Fischerfeld endlich trockengelegt und aufgeschüttet war, selbst sehr kräftig an der einsetzenden Wohnungsbauspekulation beteiligt. Da er es von Amts wegen eigentlich nicht tun durfte, schob er Berufskollegen vor wie die Kaysers oder den jungen Hoffmann, die offiziell als Planleger und Bauführer auftraten. Das ist das Doppelgesicht des Stadtplaners und Bauamtsleiters, der selbst sich einen Anteil am goldenen Segen der Epoche sicherte – wiederum die Allianz von Kunst und Kommerz, diesmal zum eigenen Nutzen.

Georg Heß, der Einwanderer, hatte sicherlich nicht die Neigung, gesellschaftlich zu glänzen wie später sein Sohn Friedrich. Er als die erste Generation der Familiendynastie mußte den Grundstock legen und hat das mit zähem Fleiß, als Unternehmer im Beamtenrock, erreicht. Gewiß ist es bezeichnend für ihn, daß er seine gesellschaftlichen Fäden nicht in den feudalen Salons der Patrizier spann, sondern in der exklusiven Abgeschiedenheit der Freimaurerloge. Schon 1789 wurde er von der Loge zur Einigkeit aufgenommen; dort waren die Kollegen vom Fach wie der Tapezierermeister Ludwig Daniel Rumpf und der Maurermeister Georg Daniel Mack Mitglieder, auch künftige Bauherren wie Johann Peter Leonhardi. Heß hat die Chance intensiv genutzt, sich zur Geltung zu bringen; er beteiligte sich an der Fronde bei internen Logendifferenzen und imponierte den Logenbrüdern mit kulturellen Vorträgen. Zehn Jahre später wurde eigens für ihn die Funktion »Bruder Zeichner« geschaffen. Als solcher erzählte er vom Tempel Salomons, entwarf Dekorationen für das Johannisfest 1801, schlug auch vor, der Loge am Wollgraben ein neues Klubhaus zu bauen. Zu einem Logenhaus unter seiner Leitung, zusammen mit Hoffmann, kam es in der Töngesgasse zehn Jahre später für die Loge Sokrates.

Es zeugt ferner für sein Geschick, auf nicht eingefahrenem Weg zu seinem Ziel zu kommen, als er die Alleinherrschaft des Fürstprimas Dalberg benutzte, um sein Baustatut zu etablieren, eine Aktion, die unter dem demokratisch-patriarchalischen Regime von mehreren Körperschaften sicherlich viel schwieriger gewesen wäre.

Der Mann der ersten Stunde kannte die Grenzen seiner Kraft. Er trieb den Ausbau des Fischerfeldes voran und hat in der Altstadt klassizistisch gebaut, wo er konnte. Er begann schon zu kränkeln, als man an den Wallstraßen die ersten Häuser baute. Das überließ er seinem Sohn und designierten Amtsnachfolger. Es sind keine Spuren von ihm am grünen Ring nachzuweisen. Ihm haben solche freistehenden Rundumbauten gewiß auch nicht gelegen. Er war der Mann der strengen Zeilen, die eine Fassade brauchten und großzügig bemessene Geschosse. Georg Heß war Flächengliederer. Die atmende Schönheit von Kuben, von licht- und luftdurchlässigen Bauzonen war nicht sein Metier. Es spricht für seine Einsicht,daß er noch einen solchen porösen Gürtel um die Stadt mitkonzipiert hat, aber selbst nicht mehr tätige Hand anlegte. Die Planung hat seine Kraft aufgesogen, und sie ist sein Verdienst. Er organisierte das neue Frankfurt auf dem Reißbrett und überließ es Besseren, auf seinen stadtplanerischen Grundriß architektonische Kunstwerke zu setzen. Der Individualist Salins hatte die Freiheit, die der einsichtsvolle, vom gleichen Stil überzeugte Konformist Heß ihm neidlos einräumte. So entstand das Nebeneinander französisch orientierter Bürgerpaläste und frankfurterisch veranlagter Wohnhausblocks.

Der zweite Hess, Johann Friedrich Christian, hatte die Begabung, beides in sich zu vereinigen, die Statur des Vaters und die Natur des Lehrers Salins. Die zweite Stunde des Frankfurter Klassizismus wurde von ihm eingeleitet, nachdem der Vater die Basis für die Gemeinschaft mittels des Statuts und für den Sohn mittels Vermögen und Ausbildung gelegt hatte. Als Zweijähriger 1787 schon in die Mainstadt gekommen, dürfte Friedrich wohl das Recht in Anspruch nehmen, sich Frankfurter zu nennen. Um die Jahrhundertwende studierte er an der Ecole Polytechnique in Paris, übrigens zur gleichen Zeit wie Coudray, den er wohl aus dessen Frankfurter Zeit her kannte. Allerdings blieb er nicht so lange wie der Freund in Paris, sondern machte sich schon 1803 auf die Reise nach Italien, Coudray kam erst 1805 nach.

Dieser zweite Abschnitt der Architektenbildung wurde erstmals von Friedrich Heß absolviert, alle Späteren machten es ähnlich. Das Italienerlebnis aber unterscheidet auch den verschiedenartigen Horizont der Generationen von Vater und Sohn. Es machte die spätere Variierung der nüchternen ersten Periode des Klassizismus möglich, öffnete aber auch als Deutschrömertum den historischen Anklängen der dreißiger Jahre die Tür, die Vater Heß noch streng geschlossen hielt. Friedrich hatte es jedoch nicht eilig, vom väterlichen Weg abzukommen. Er half im Bauamt, 1805 aus Italien zurückgekommen, machte die ersten Pläne für die Häuser an der neuerschlossenen Neuen Mainzer Straße und nahm dem kränkelnden Vater auch die Aufgabe ab, das letzte Stadttor im modernen Stil zu entwerfen: daß er dies für das Sachsenhäuser Affentor nicht mehr in antiker Kopie wie Georg Heß tat, sondern in der Bauweise florentinischer Wachhäuser, ist der Beweis, daß außer Paris andere Bildungserlebnisse sich zaghaft zu regen begannen. Entscheidend aber für Friedrichs erste Berufsjahre ist die Tatsache, daß in dieser Zeit das Baustatut formuliert und installiert wurde, dessen kanonische Kraft für den jungen Architekten lebenslänglich gültig bleiben sollte.

Die zweite Italienreise 1812, mit Coudray und Gärtner, war der letzte Ausflug in jugendlicher Freiheit, denn Georg Heß, krank und amtsmüde, rief ihn zurück, damit er als Adjunkt im Bauamt allmählich seine Funktionen übernehme und die Verantwortung antrete, als Bauamtsvorsteher das klassizistische Regiment über die Stadt zu führen. Rechtzeitig genug, denn Georg Heß starb 1816. Für Friedrich war es kein Problem, sich durchsetzen zu müssen, im Gegenteil! Hatte er doch zusammen mit dem Legationsrat Nikolaus Vogt und dem Oberbaurat Clemens Wenzel Coudray in der Dalberg-Zeit die Idee gehabt, man müsse eine Gesellschaft gründen, um das kulturelle Niveau in Frankfurt zu heben, woraus dann das »Museum« wurde, gefördert vom Fürsten, umworben von der besten Gesellschaft. Und am 21. 8. 1815, nach seiner Rückkehr aus Italien, heiratete er die Tochter Johanna Maria von Dr. Johann Georg Neuburg, dem Vorsteher der Senckenbergischen Stiftung; zur Hochzeit lud die Brautmutter, Tochter der »Tante Melber«, ihren Cousin ein, der gerade auf Besuch in Frankfurt war: Johann Wolfgang Goethe. Was brauchte es also mehr an Ansehen und vom Vater geerbtem Vermögen? Der Weimarer Geheimrat, auf das neue Frankfurt aufmerksam geworden, gab wie vielen anderen auch dem angeheirateten Neffen Schützenhilfe für künftige kommunale Kulturbauten. »Herr Baumeister Heß, durch Lehre und Beispiel seines Herrn Vaters, durch ausbildende Reisen und das Anschauen der großen, geschmackvoll hier schon errichteten Gebäude geübt und erregt«, apostrophierte er den hoffnungsvollen jungen Baumeisteradjunkten.

Friedrich Heß trat in die Fußstapfen des Vaters: als Stadtbauamtsvorsteher mit dem Statut als Zuchtmittel; als Teilnehmer am Aufschwung privater Bauunternehmungen noch viel unbekümmerter als der Vater; als Architekt vieler öffentlicher Bauten, die in den zwanziger Jahren reihenweise aufgelegt wurden. Wie Georg Heß rannte auch er ohne Hemmungen wider die Bastionen des mittelalterlichen Frankfurt; wollte er doch den Eschenheimer Turm niederreißen, weil er dem kommenden Senckenberg-Museum das Licht wegnähme und überhaupt der Stadt nicht zur Zierde gereiche! Die Überhänge an den alten Häusern ließ er zugunsten gerader Fronten beseitigen, wo das Statut ihm die Berechtigung gewährte.

Sein erster großer Auftrag nach der Amtsübernahme galt auch dem ersten repräsentablen Projekt größeren Ausmaßes in diesem Jahrhundert, der Stadtbibliothek. Die Chronik dafür ist der Spiegel der veränderten Verhältnisse und der glücklicheren Umstände des Sohnes gegenüber denen des Vaters. Georg Heß hatte 1791 den ersten Entwurf geliefert für einen kleinen Bau an der Hasengasse, einen zweiten 1797, der eine Stadtbibliothek im Zeughaus auf der Zeil vorsah;

Senator Brönner schlug dann die Ecke Roßmarkt-Gallengasse vor, und der Stadtbaumeister lieferte 1802 dafür einen Riß. Zugleich ließ er vom Sohn Friedrich, derzeit Student an der Ecole Polytechnique, unter Leitung seiner Professoren einen Entwurf anfertigen, der »durch seine Einfachheit, Zweckmäßigkeit und den nicht zu verkennenden erhabenen Stil den Beifall mehrerer Kenner« fand. Es ist also wahrscheinlich, daß Friedrich Heß in Paris durch die Schule Jean Nicolas Durands, des Meisters der Sachlichkeit, gegangen ist wie Freund Coudray, denn diese kurze Planbeschreibung kennzeichnet Durands Programm. Das Projekt blieb aber wegen der Uneinigkeit städtischer Gremien und der unsicheren Zeiten liegen. 1812 plädierte man wieder für den Platz an der Hasengasse, der alte Heß aber hätte lieber den städtischen Kornspeicher an der Neuen Kräme abgebrochen, um eine Bibliothek dahin zu stellen. Falls das nicht möglich sei, solle man einen der noch freien Plätze an der Schönen Aussicht ins Auge fassen. Er machte dafür einen Plan, dessen Realisierung 150000 Gulden kosten sollte (das Haus am Roßmarkt zehn Jahre vorher wäre für 36000 Gulden zu errichten gewesen). Dalbergs Präfektur war einverstanden, doch Guiollett wollte das Haus der Wissenschaften mehr im Zentrum haben, am Pfandhausplatz. Simon Moritz von Bethmann stiftete 1815 Geld, damit man endlich anfinge. Doch dauerte es noch bis Anfang 1816, daß der Auftrag erging: an Friedrich Heß, der die Früchte der Arbeit des Vaters ernten durfte. Daß sein Entwurf von 1816/17 – nach Umarbeiten gemäß Mollers Ratschlägen, gegen den Konkurrenzentwurf des Architekten Christian Friedrich Ulrich – erst drei Jahre später in Angriff genommen wurde, liegt an den langwierigen Entscheidungen mehrerer städtischer Gremien, der Finanzierung und momentaner Unstimmigkeit über den günstigsten Platz. Von der ursprünglichen Gestalt blieben bei der Ausführung nur noch der mächtige Portikus aus sechs korinthischen Säulen und einem dreieckigen Giebel, das Vestibül und der Treppenaufgang übrig. Der Korpus des Baues, ein Kubus mit Frankfurter klassizistischer Flächengliederung, wurde im Inneren im Sinne zunehmender Sparsamkeit eingerichtet. Jedenfalls hatte Heß mit der Stadtbibliothek seinen Einstand gegeben und bewiesen, daß er imstande war, über den etablierten Stil des Bürgerhauses hinaus auch Leistungen öffentlicher Repräsentationsbauten zu bringen, die auch von der Nachwelt noch als Zierde der Stadt anerkannt wurden.

Das Echo ließ nicht lange warten. Heß mußte in den zwanziger Jahren vier Schulen bauen und das Senckenbergmuseum am Eschenheimer Tor; er bewarb sich 1821 zusammen mit dem jungen Friedrich Rumpf um den Umbau des Stadttheaters. Das Werk seines Vaters, das Fischerfeldviertel, bei seinem Amtsantritt zur Hälfte gediehen, setzte er zügig fort. Er baute wohl selbst auch die Mehrzahl der Häuser an den westlichen Wallstraßen, anknüpfend an seine ersten Entwürfe vor der Italienreise, zunächst an der Neuen Mainzer Straße, wie die zahlreichen Besitzerwechsel im Grundbuch unter seinem Namen beweisen, in den zwanziger Jahren dann zunehmend in der Hochstraße. Auch am Schneidwall-Konsortium war er beteiligt, jener Gruppe von Financiers, die am Untermainkai Immobilienmarkt betrieb und die herrschaftlichen Häuser zwischen dem Untermaintor und der Neuen Mainzer Straße als eine zweite Schöne Aussicht hinstellte.

Wie Salins ist auch Friedrich Heß an Landhäusern tätig gewesen. Den Passavants baute höchstwahrscheinlich er die Villa an der Ginnheimer Straße in Bockenheim, und für die Familie Berna-Brentano stellte er ein Haus an der Bockenheimer Landstraße hin. Zwischen diesen Entwürfen lag für Heß eine Wende: die Öffnung zur Renaissance nicht mehr als Detaillieferant des klassizistischen Baues, sondern als eine selbständige Stilform, wobei die Paragraphen von Vaters Statut natürlich nicht mißachtet werden durften. Man kann die Wendung an einem Bau ablesen, den Friedrich Heß in der Hochzeit der ersten Periode, 1809, selbst entworfen hatte; an der Neuen Mainzer Straße 49. Zunächst Wohnhaus des Gasthalters Lippert, wurde es zwanzig Jahre später Galerie des Städelschen Kunstinstituts. Der Wandel der Funktion war zugleich ein Wandel der geistigen Verfassung in Frankfurt. Das Städelsche Kunstinstitut hatte in den zwanziger Jahren den Deutschrömern unter den bildenden Künstlern die Tore geöffnet und legte zugleich die ersten Tendenzen des Rückgriffs zum Altdeutschen, sprich Gotischen, aus. Friedrich Heß, während seiner zweiten Italienreise auch an der Landschaftsmalerei interessiert, hat offenbar selbst mit den romantisierenden Strömungen sympathisiert; in der Architektur ging er freilich nur bis zum Akzeptieren der Renaissanceformen, die sich mühelos in den Klassizismus integrieren ließen. Bedenkt man aber, daß damit für die kommenden Jahrzehnte die Schleuse geöffnet wurde und der Katalog historischer Baukunst allmählich wieder aktuelle Bedeutung gewann, so muß man dem Stadtbaumeister anlasten, daß er selbst Hand angelegt hat zur Verwässerung einer bedeutenden Frankfurter Epoche.

Zusammen mit Maximilian Hessemer, dem Ordinarius für Architektur an der Städel-Schule, baute er das herrschaftliche Wohnhaus an der Neuen Mainzer Straße zur Gemäldegalerie aus. Daß er die Seitenflügel aufstockte und des Ausstellungswesens wegen im Obergeschoß Blindfenster anlegte, war eine funktionell bedingte Maßnahme. Unübersehbar aber waren die Blendarkaden in der Wand als Novum in der Frankfurter Formsprache. Der Jubel der geistigen Nachfahren der Romantik bis in den Anfang unseres Jahrhunderts ist unüberhörbar. Heinrich Weizsäcker steckt noch 1907 voller Genugtuung über die Kapitulation von Friedrich Heß. »Hier erscheint nun aber an der Straßenfront die klassische Kunstform abgelöst durch einen neuen Stil, der sich am ehesten mit der gleichzeitig von König Ludwig I. in München eingeführten sogenannten florentinischen Bauweise vergleichen läßt. Die Alleinherrschaft ist gebrochen, und neben ihr drängt sich in Frankfurt wie an anderen Orten die Pflege der historischen Stile des Mittelalters und der damit zusammenhängenden Frührenaissance hervor. Die romantische Strömung hat sich der deutschen Baukunst zu bemächtigen begonnen.« (»Kunst und Künstler in Frankfurt am Main«, Bd. 1, S. 61.)

Zugute wird man der folgenreichen Wendung den funktionellen Wechsel halten dürfen, den das Haus an der Neuen Mainzer Straße vom Wohnbau zum öffentlichen Museum erlebte. Bemerkenswert für den Geisteswandel ist dabei, daß Friedrich Heß innerhalb von zwölf Jahren – zwischen Stadtbibliothek und Städelumbau – die Präferenz der Antike zurückgezogen hatte zugunsten der Frührenaissance, also eine Pseudoverjüngung vollzog. Auf diese Weise gab er grünes Licht, denn was der oberste Hüter der städtischen Baumoral sich erlaubte, durfte er anderen nicht verwehren, zumal wenn diese weniger als er sich der eisernen Klammer frühklassizistischer Vorschriften unterwerfen und über den Umweg romanischer Formen schließlich wieder zur Gotik gelangen wollten.

Die dreißiger Jahre und die beginnenden vierziger stehen im Lebenswerk von Friedrich Heß unter dem Doppelgesicht der Entwürfe öffentlicher Bauten im Gefolge des Städelumbaus und des bewährten Wallstraßenstils, der sich als wesentlich konstanter erwies im Sinne des originären Frankfurter Bürgerklassizismus. Das Ende war das Zollgebäude am Mainkai 53, vom alternden Heß zusammen mit seinem designierten Nachfolger Karl Friedrich Henrich entworfen. Der junge Baukondukteur hatte seine prägenden Eindrücke schon nicht mehr in Paris empfangen, sondern in München bei Friedrich von Gärtner. Der dreistöckige Bau mit sieben Doppelachsen war in den Formen venezianischer Renaissance gehalten, entfaltete Prunk nach der Uferfront mit Sandsteinornamenten und ließ die Rückseite nüchtern und ungegliedert. Das Bauen nach historischen Stilen, in München kultiviert, hat Friedrich Heß endgültig in der Person seines Nachfolgers etabliert.

Daß er selbst das vaterstädtische Bild hoch einschätzte, selbst wenn es auf Kosten früher berechneter klassizistischer Proportionen ging, hatte er schon in seiner besten Zeit bewiesen, als es darum ging, den zwanzig Jahre brachliegenden Bau der Paulskirche endlich fertigzustellen. 1826 schlug er vor, den Turm um eine Etage zu erhöhen gegenüber dem ursprünglichen Entwurf, da das Stadtbild, aus der Ferne gesehen, gewinnen würde und der Turm in der bisherigen Weise gegen das hohe Dach der Kuppel zu klein und verschwindend erscheine. Frankfurt, das türmereiche...! In seiner Zeichnung erschien die Kirche als ein Beispiel für das Gefährliche in der deutschen Kunst, denn der Turm reckte sich ungestüm über den ovalen Leib hinaus, als ob er seine Selbständigkeit beweisen wolle. Er sollte nach dem Vorschlag des Stadtbaumeisters 264 Schuh hoch werden, während der Turm der Katharinenkirche nur 184½ Schuh hatte. Der Plan wurde verworfen, die alte, dem Kirchendach gemäße Höhe beibehalten. Die Stadt verhielt noch einmal in den Maßen, die ihr nun drei Jahrzehnte lang Schönheit beschert hatten.

Weil Heß nach zwei Richtungen orientiert gewesen ist, nach Frankreich wie der Vater, aber auch nach Italien, wie es die aktuelle Tendenz der bildenden Künste vorschrieb, kam in ihm, dem Vorreiter der zweiten Generation, die Zweigleisigkeit des Klassizismus zum Ausbruch. Man kann sie in seinem Lebenswerk ziemlich genau auf zwei Aufgaben projizieren. Heß blieb beim Wohnhausbau dem westlich orientierten, durch das Filter Frankfurter Bürgersinns und seiner Rationalität gegangenen Stil des Klassizismus ergeben und hat mit ihm an den Wallstraßen die strahlende Seite der Stadt manifestiert. Beweglicher als der Vater, wagte er die frei wirkende kubische Räumlichkeit eher als dieser, bei aller gelassen imposanten Flächigkeit seiner Fassaden. Den öffentlichen Repräsentationsbau jedoch hat er nach Italien und seiner Renaissance hin orientiert. Auf den jugendlichen Versuch am Affentor folgte zwar noch einmal das antike Intermezzo der Stadtbibliothek, seine beste Leistung, doch kam dann eine Folge zunehmender Anreicherung durch südliche Plastizität, die sich in einem verhaltenen Rieseln über den Fassaden äußerte. Als Friedrich Heß 1845 starb, als Sechzigjähriger wie auch sein Vater, durfte er zwar sicher sein, daß die Tradition des Wohnhausbaus vorläufig noch statutmäßig gesichert war; aber den festen Glauben der Gründer, eine klar konzipierte Harmonie bedürfe eigentlich keiner ornamentalen Stützung, hatte er selbst ins Wanken gebracht. Mit der Zeit und veränderten Geschmacksläuften gehend, an den Glanz der Gesellschaft und seine Verpflichtungen gebunden, leistete er diesen Tribut. In ihm, einem Altersgenossen von Karl Schinkel und Georg Moller, erfüllte sich das Schicksal dieser

Baumeistergeneration, Umschau halten zu müssen im eklektizistischen Bereich, um dem erstarkenden, romantisch bedingten Sinn für Geschichte zu genügen. Es spricht aber für die Frankfurter Selbständigkeit, daß er der Deutschtümelei und dem Gotizismus widerstanden hat.

Kein Sohn wohlhabender Eltern und also der traditionellen Ausbildung in Paris nicht teilhaftig geworden, hat sich der Architekt PHILIPP JAKOB HOFFMANN dennoch durch eisernen Fleiß, Anlehnung an bedeutende Baumeister und technisches Geschick bei angewandter Architektur seine Position erringen können. 1778 geboren, also das Glied zwischen den Gründern und ihren Söhnen, hat der Frankfurter Schreinersohn, ohne die humanistische Bildung der anderen, sich als Werkstudent an der Wiener und der Dresdener Akademie 1798–99 seine theoretischen Kenntnisse erworben und bei seiner Rückkehr nach der Jahrhundertwende sich als Adlatus Salins und Georg Heß angeschlossen. In der Schule der Praxis holte er an französisch orientiertem Denken nach, was ihm der Osten und Süden Deutschlands vorenthalten hatte. Auf finanzielle Sicherheit bedacht, ging er als Landvermesser in städtische Dienste und nahm Dalbergs Angebot an, Direktor einer Architektur-Schule zu werden: Er lehrte die Fächer Mathematik und Mechanik, Bauzeichnen, Innen- und Gartenarchitektur – ein gewaltiges Pensum, das für sein theoretisch allseitiges Können spricht.

1811 wurde er städtischer Wasser-, Weg- und Brückenbauinspektor und gehörte bis an sein Lebensende 1834 dem Bauamt als Inspektor an, diente also im Schatten der beiden Heß und zehrte von dem in Salins' Gefolge erworbenen Ansehen. Mit Georg Heß baute er zusammen in der Töngesgasse und am Fischerfeld nüchterne, aber großformatige Wohnhäuser, entwarf für die mächtig aufstrebende Familie Rothschild 1809–10 das Bankhaus an der Bornheimer Pforte als ersten jüdischen Geschäftsbau außerhalb des Ghettos, zur gleichen Zeit das Eckhaus Neue Mainzer – Große Gallusstraße, das später die Metzlersche Bank aufnahm und – vor allem – das Landhaus Zickwolff am Wendelsweg in Sachsenhausen. Dieser Auftrag fiel ihm 1808 zu, weil Salins nach Würzburg gegangen war. H. Rose setzte die Villa Zickwolff in seinem Buch »Spätbarock« (1922) sogar in Idealkonkurrenz zu Salins' Gartenhaus Gontard. Dafür gab es aber sentimentale Gründe, denn der Kunsthistoriker hatte seine Jugendzeit darin zugebracht. Beide Häuser haben den Zweiten Weltkrieg nicht überstanden und entziehen sich einer vergleichenden Betrachtung am Original, doch auch die Reproduktionen zeigen, daß Hoffmann, ohne die führende Hand des Franzosen, nicht die Eleganz und die ausgewogene Dichte des Baukörpers erreicht hat, obwohl er sich im Verhältnis von Länge und Breite mehr dem Würfelideal Palladios näherte als sein Lehrer. Er hat in der Wand leere Zonen nicht vermeiden können. Das widerfuhr ihm an den Geschäftsbauten für Rothschild und Beyerbach-Aubin (später Metzler) nicht, da er sich an die bewährte Heß-Methode der kräftigen Gesimsgliederung hielt oder durch eingelassene Ornamentstreifen tote Zonen füllte.

Der Symmetrie galt das besondere Augenmerk des zur Pedanterie neigenden, pädagogisch verpflichteten Baumeisters. Hoffmann ist auch als Unternehmer dem Beispiel seiner Vorgesetzten, des älteren und jüngeren Heß, gefolgt und hat nach Grundstückskäufen an der Mainzer Landstraße und am Untermainkai Immobilienhandel und eigene Bautätigkeit verbunden. Auf diese Weise ist noch eine Anzahl Häuser am Wall entstanden, die sich unauffällig in das Gesamtbild einfügten und ihren Urheber in Maß und Methode als einen Gefolgsmann der ungleich originelleren Köpfe unter Frankfurts Architekten kennzeichnen. Immerhin aber hat er dennoch in der Erinnerung der Nachwelt eher Profil gewinnen können als die tüchtigen Maurermeister der Sippen Mack, Kayser, Heimpel, Brofft und Bell, die ganz einfach nach fremden Schablonen bauten, die Pläne der wenigen anerkannten Architekten der Stadt übernahmen oder als ausführende Baumeister auftraten.

Und immerhin konnte er seinem Sohn geben, was ihm in der Jugend versagt geblieben war: einen Studienaufenthalt in Paris. Der Sohn Heinrich hat zwar nicht Architektur studiert, sondern Medizin, und hat an Berühmtheit seinen Vater weit übertroffen: es ist der Struwwelpeter-Hoffmann.

Der Benjamin unter den bedeutenden Baumeistern kam im gleichen Augenblick zur Welt, als das klassizistische Frankfurt seine ersten Schritte tat. 1795 bis 1867 – Geburt und Tod von FRIEDRICH RUMPF waren auch Anfang und Ende der Stadtperiode, die er mit Bauten bereicherte. Er hat es nicht mehr erleben müssen, daß königlich-preußische Regierungsbaumeister einzogen, das Baustatut von Georg Heß endgültig außer Kraft setzten und brandenburgisch-Kolossales importierten.

Von künstlerischem Naturell dem zehn Jahre älteren Friedrich Heß ähnlich, hatte Rumpf auch das gleiche Glück, mitten hinein in die Gruppe der Gründer geboren und von ihnen auf den Weg gebracht zu werden. Sein Vater war der Tapezierermeister Daniel Rumpf, engster Mitarbeiter Salins de Montforts auf innenarchitektonischem Sektor, ausführendes Organ für diesen im Palais Mülhens und der Würzburger Residenz. Sohn Friedrich sah also von Kindesbeinen an neu entstehende Spitzenleistungen. Daß er nicht an Vaters Rockschoß ins Handwerk gelangen sollte, entsprach bewährter Tradition. Er kam 1811 zum Fuldaer Baudirektor Clemens Wenzeslaw Coudray in die Lehre, bis dieser ein Jahr darauf mit Friedrich Heß und dem Koblenzer Friedrich Gärtner (dem späteren Mitschöpfer des klassizistischen München) auf Bildungsreise nach Italien ging. Die Wahl war wieder kein Zufall: Vater Rumpf hatte den jungen Koblenzer Tapezierer Coudray in den neunziger Jahren mehrmals in seinem Frankfurter Haus aufgenommen, als er vor der französischen Besatzung fliehen mußte, ihn handwerklich gefördert und ihm schließlich auch die Position in Fulda verschafft.

Nach weiterer Lehre in der Vaterstadt bezog Friedrich Rumpf von 1815 bis 1817 die Ecole des Beaux-Arts in Paris, eine unabdingbare Pflicht für die Frankfurter Architekten der ersten und zweiten Generation. Mit zweiundzwanzig Jahren ließ er sich als selbständiger Architekt in Frankfurt nieder, erlebte noch die letzte Phase Salins' und errang bald die gleiche Beliebtheit wie Friedrich Heß bei den baufreudigen Bürgern.

Sein erstes Jahrzehnt bot dem jungen Architekten Aufgaben so verschiedener Art, wie sie bisher keiner auszuführen hatte. Eine von Verwandten überlieferte Liste seiner Werke weist aus, daß er außerhalb der Stadtgrenzen in Rödelheim ein Bad für Brentano und am Schönhof für Barckhaus-Wiesenhütten Kuhstall und Pavillon (den Salins fälschlich zugeschriebenen Tempel) gebaut habe, am Wall sodann Anbauten und Gartenhäuser, schließlich ganze Wohngebäude an der Neuen Mainzer Straße. Sowohl die Ökonomieanlagen am Schönhof (um 1820) als auch das hervorragendste seiner Häuser am Wall, das für den Bankier Mülhens 1824 fertiggestellte elfachsige Palais Neue Mainzer Straße Nr. 9, zeigen ihn als getreuen Teilnehmer an dem unverfälschten klassizistischen Strom seiner Väter.

Der in den zwanziger Jahren kräftig einsetzenden Welle öffentlicher Bauten schloß Rumpf sich zunächst als Mitarbeiter älterer Architekten an. Mit Friedrich Heß arbeitete er am Plan für das Naturmuseum Senckenberg am Eschenheimer Tor, einem ganz auf Zweck ausgerichteten Haus; Rudolf Burnitz unterstützte er beim Versorgungshaus in der Hammelsgasse (vollendet 1824) und projektierte mit diesem zusammen im gleichen Jahr ein Opernhaus, das aber nicht ausgeführt wurde. Die Arbeitsgemeinschaft mit Burnitz trug dessen Stempel und hat Rumpf zum eigenen Nutzen nicht vorangebracht.

Die Portalbauten für die christlichen und jüdischen Friedhöfe an der Eckenheimer Landstraße hat er allein entwickelt als seine ersten, sakralen Zwecken dienenden Entwürfe. Man spürt, wie ungewohnt ihm noch der Umgang mit monumentalen dorischen Säulen und einem griechischen Giebel war. Sie fielen entsprechend karg in der Durchführung bei aller Größe aus. Doch siegte Rumpf bei diesem Auftrag 1826 über den Vorschlag des Architekturprofessors am Städel, Heinrich Hübsch, der im Jahr zuvor den »Entwurf zu einem Gottesacker«

öffentlich in der Städelgalerie präsentiert und ausführlich kommentiert hatte. Ganz dem Campo Santo von Pisa nachempfunden, atmete er den Geist der nach rückwärts blickenden Romantik. In Frankfurt war er noch nicht in der Mode, und Rumpfs Klassizismus wurde vorgezogen.

Ein Jahr Italien folgte auf diesen ersten Abschnitt, gewiß eine Lockerungsübung für den Architekten, der am Friedhofsportal merken mußte, daß ihm das ausreichende Vokabular für eine immer stärker geforderte Festlichkeit der Gebäude noch fehlte. Die Reise zahlte sich aus. Zurückgekehrt, entwarf er im Auftrag der Verwaltungskommission des Heilig-Geist-Hospitals den Neubau, in Konkurrenz zu dem früheren Kompagnon Rudolf Burnitz, der vom Bauamt beauftragt war. Ein Schiedsgericht der Wiener Akademie hat für Rumpf entschieden, dessen Hospital dann 1833–39 an der Lange Straße hochgezogen wurde als Rumpfs bisher umfangreichstes Projekt. Ein dreigeschossiger Dreiflügelbau mit einstöckigem, abschließenden Portalflügel, wesentlich lockerer als der Friedhof vorher und unmerklich fast die Anregungen der Renaissance mit dem angestammten Klassizismus verbindend.

Der Ruhm ließ nicht warten. Die Familie Rothschild betraute ihn fortan mit allen ihren Aufträgen. Rumpf baute das Gartenhaus an der Bockenheimer Landstraße zum Palais um, setzte Nutzbauten in den Park, als letzten die Orangerie an der Staufenstraße, stellte die umfangreichen Anlagen des Gutes Günthersburg hin, erweiterte das 1848 von den Rothschilds gekaufte Haus am Untermainkai, das später die Bibliothek aufnehmen sollte, und schaltete sich in der Wallzone mit eigenen Häusern an der Hoch- und Bleichstraße ein. Vierzig Bauherren der Stadt haben ihn ein- oder mehrmals herangezogen. Er hat ebenso Bauten erweitert (Salins' Haus Koester an der Neuen Mainzer Straße für die Rothschilds und das Schloß des Grafen Schönborn am Bockenheimer Tor), wie auch Innenräume umgestaltet, wobei das väterliche Blut in ihm durchkam. Nachdem er vom Kubus seiner frühen Wallhäuser abgegangen war, lockerte er die Gestaltung mit italienischen Anregungen, doch ist er immer der angestammten Linie treu geblieben und nicht der sklavischen Nachahmung der Renaissance verfallen. Es ging etwas Großzügiges von seinen Häusern aus, verglichen mit den kühleren der Klassizisten Heß. Rumpf konnte bei aller kräftig gefaßten Form mehr Heiterkeit ausstrahlen und hat der bürgerlichen Architektur als letzter die klassizistische Festlichkeit unverfälscht mitgeben können.

An Friedrich Heß bereits hat sich die Janusköpfigkeit des späten Klassizismus erwiesen mit jenem zweiten Schritt in die Vergangenheit, der nicht bei der Berufung auf den idealen Zusammenklang der Baumaße anhielt, sondern Ratio durch Sentiment ablösen wollte. Es spricht für die Hartnäckigkeit der ersten Etappe, daß sie die Verfremdung so lange hinzuhalten wußte. Denn in anderen Bereichen der Künste war sie schon längst eingetreten. Der Begriff der Verfremdung darf sich ausdrücklich nur auf die Architektur beziehen, denn in der Malerei und der Literatur konnte sie sich als romantische Bewegung originär beweisen und hatte es bereits getan, als in der Baukunst der Klassizismus auf dem Höhepunkt stand. Der Zeitpunkt ist genau zu bestimmen. Der Maler Peter Cornelius war 1809 aus Düsseldorf nach Frankfurt gekommen, hatte aber mit seiner romantischen Weise bei Karl von Dalberg nicht den erhofften Applaus gefunden. Er übernahm, um leben zu können, den Auftrag für Wandmalereien im Haus des Kaufmanns Johann Friedrich Schmidt an der Zeil. Das von Pigage entworfene Haus verlangte künstlerischen Schmuck in seinem Stil. Das hieß antike Szenen als Wandbekleidung in Öl auf Leinwand gemalt. Matt und kühl in den Farben, zeigten sie jene feinere Harmonisierung, die späteren Wandbildern des Künstlers nicht mehr eigen war; auch heroisches Pathos und kompliziertes Gefüge waren vermieden. Es war ein letztes Zugeständnis von Peter Cornelius an den Klassizismus, denn in der gleichen Zeit hat er mit der Illustration zu Goethes »Faust« den Weg ins Mittelalter und in die herbe Welt der altdeutschen Meister angetreten.
Cornelius verließ Frankfurt schon 1811, wobei er Dalbergs Offerte ausschlug,

ein Stipendium zu bekommen, falls er der französisch-klassizistischen Manier treu bleibe. Er ging nach Italien, setzte seinen Faust-Zyklus fort und schloß sich den Nazarenern im römischen Kloster San Isidoro an. Nach Frankfurt kehrte er nicht zurück, wo man in der nüchternen Manier von Georg Heß baute, die Gegenwart und ihre Anforderungen rechnend bezwang, wo man aber nichts hielt von dem inbrünstigen Fortsehen in eine andere, ferne, vergangene Welt mit phantastischen, wunderlichen Formen.

Noch nichts hielt, muß man sagen! Es bedurfte des nationalen Überschwangs des Freiheitskriegs, daß auch in Frankfurt der Spaß am Deutschen sich rührte. Johann Jakob von Willemer entwarf eine altdeutsche Frauentracht, warb in einer Broschüre eifrig dafür und veranlaßte seine junge Frau Marianne, diese Kleidung zu tragen. Goethe, der schon die Faust-Zeichnungen von Cornelius höflich, aber kühl beantwortet hatte, erlebte bei seinem letzten Aufenthalt in der Stadt diese Tendenzen. Eine Tagebuchnotiz deutet auf spürbare Reserve gegenüber den Kostümen. »Zu Mad. Brentano. Frauenzimmersitzung wegen der Nationaltracht; wir empfahlen uns bald, um nicht nach solchen Geheimnissen lüstern zu scheinen.«

In den folgenden Jahren hat ein späterer Frankfurter Architekt als junger Mann starke Antriebe von den nationalen Emotionen empfangen. MAXIMILIAN HESSEMER, Jahrgang 1800, Neffe Georg Mollers aus Darmstadt, betätigte sich in Gießen als Burschenschaftler in der Freiheitsbewegung und führte 1819 in Offenbach die Jahnschen Turnübungen ein; nach der Ausbildung bei Moller brachte die Bildungsreise den unruhigen Geist nicht nur nach Italien, sondern über Sizilien auch bis Ägypten; die Grenzen abendländischer Kultur genügten dem Drang ins Endlose, der romantischen Flucht ins Unbestimmbare schon nicht mehr. Seine Berufung an die Städelschule als Professor für Architektur im Jahr 1830 erfolgte zusammen mit der Ankunft des Nazareners Philipp Veit aus Rom, der die Malschule sowie die Galerie der Städelstiftung übernahm. Die Romantik war in diesem Augenblick endgültig etabliert. Vorangegangen war das Regiment der Architekturklasse durch Heinrich Hübsch 1824–27; dieser Weinbrenner-Schüler hatte den Klassizismus des Lehrers schon verlassen, und Dr. Johann Friedrich Böhmer als Administrator der Städel-Stiftung nannte ihn den »Regenerator der deutschen Baukunst« – ein deutlicher, akademischer Affront gegen den Frankfurter Klassizismus.

Die romantische, vom Städelschen Kunstinstitut ausgehende Bewegung hat wesentlich später als in der Malerei und gar in der Dichtung auch in der Baukunst Fuß zu fassen versucht. Sie mußte sich zunächst auf ein theoretisch wirkendes Insulardasein beschränken, denn da waren noch Friedrich Heß und das inzwischen gesetzlich bestätigte Baustatut seines Vaters, dem auch Hessemer innerhalb der Stadtgrenzen keine Entfesselung abtrotzen konnte. Es ist bezeichnend, daß er in den dreißiger Jahren keinen Bauauftrag der öffentlichen Hand bekam. Ein unauffälliges Haus, das spätere Palais Bose, durfte er gegenüber der Galerie in der Neuen Mainzer Straße errichten, gewiß eine Lösung, die weit entfernt von seinen Ambitionen war; er mag sich da der Ratschläge erinnert haben, die ihm sein Onkel Moller 1828 in einem Brief gegeben: »... vernünftig muß es sein, konsequent und allen Forderungen auf die direkteste Weise entsprechend«.

Es heißt, Hessemer habe auch an der Hochstraße und der Bockenheimer Landstraße gebaut, doch ist die Angabe in der »Hessischen Biographie« nicht näher definiert.

Einen Platz gab es für Hessemer, wo das Statut nicht galt: auf dem Hauptfriedhof. Eine Grabkapelle für die Gräfin Reichenbach vom Jahr 1842 ließ Hessemers Credo endlich einmal leibhaftig Gestalt aus Stein werden. Das war nützlich, denn der Anblick mochte hinfort das Bedauern verhindern, daß Hessemer nicht in der Stadt ähnlich wirken konnte. Romanische und arabische Stilelemente, Strebepfeiler mit stalaktitenförmigen Fialen führten zu einer bizarren Mischung von Formen, und nur eine spätere eklektizistisch orientierte Wertung hätte Geschmack daran finden können.

Bis auf die Reichenbach-Kapelle blieben Hessemers Entwürfe Papier. Beim Wettbewerb um den Börsenbau 1839 unterlag er ebenso wie Rudolf Burnitz. Papier blieben auch die gotischen ABC-Lehrbücher von Gesinnungsgenossen, und erst als seine Schüler zu bauen begannen, fing die Saat an zu grünen. Hessemers Katalog »Arabische und altitalienische Bauverzierungen« von 1836 fand in den vierziger Jahren sein Echo in Fenstergewänden, Gesimsen, Friesen und Füllungen, nach der Mitte des Jahrhunderts allerdings auch in ganzen Hauskörpern, als einige Gebäude im maurischen Stil errichtet wurden.

Betrachtet man den scharfen Kontrast zwischen der sanktionierten Frankfurter Bauweise und den phantastischen Ideen der Städelgruppe, so wird man sich über das Maß von Verträglichkeit wundern, das trotz allem herrschte. Immerhin verkehrten doch im musischen Salon des Senators Dr. Thomas Spitzen der romantischen Schule wie die Brüder Grimm, die Brüder Boisserée, Savigny, Görres, Achim von Arnim und Clemens Brentano; und verbrachte der Direktor der Frankfurter Stadtbibliothek, Dr. Böhmer, nach den zwanziger Jahren, der »Blütezeit seiner Romantik«, sein Berufsleben in einem klassizistischen Tempel. Doch hatte das moderne Bürgerhaus einen Komfort und ein befreites Wohngefühl gebracht, die auch dem eingefleischtesten Romantiker behagen mußten. Außerdem hatte man ja auch seit Friedrich Schlegel die Antike als ein Ziel geistiger Flüge schätzen gelernt.

Die Rolle des ungerufenen Versuchers in der zweiten Generation hat Rudolf Burnitz gespielt. Der gebürtige Württemberger kam 1822 nach Frankfurt und erwarb das Bürgerrecht auf Bürgschaft seines Bruders Carl Friedrich hin, der hier als Handelsmann lebte. Und um den Ruch des Zugereisten zugunsten wenigstens des Eingeplackten loszuwerden, griff er zu dem dafür bewährten Mittel: er heiratete eine wohlhabende Bürgerstochter in Gestalt von Marie Sophie Salzwedel aus dem Hause des Apothekers Peter Salzwedel am Römerberg.
Ein Ruf der Stadt war also nicht an ihn ergangen. Was er sich zugute halten

konnte, war seine künstlerische Ausbildung in Karlsruhe bei Friedrich Weinbrenner, jenem Lehrer klassizistischen Bauens, dessen Eleven schon mit sichtbarem Erfolg in hessischen und rheinischen Städten wirkten.

Burnitz drängte zur großen Form, zu seinem Unglück, denn im intimen Wohnbau hat er zweifellos Besseres geleistet. Freilich hatten am Anfang auch Arbeiten im Palastbau gestanden: die Umgestaltung des Ludwigsburger Schlosses und der Neubau des hohenzollerischen Schlosses von Hechingen (1816–19). Es folgte nach seiner Ankunft in Frankfurt der Entwurf für das Kurhaus Kronthal, und das schien Anlaß genug, sich in der neuen Heimat um öffentliche Aufträge zu bemühen. Er mußte nun seine südwestdeutsche künstlerische Herkunft mit der Frankfurter Bauvorschrift in Einklang bringen, denn die Kunst der sparsamen Mittel und ihrer überzeugenden Wirkung lag ihm nicht von Anbeginn. Eine dünnblütige, melancholische Monumentalität ging von seinen kolossalen Gebäuden aus: vom Versorgungshaus in der Hammelsgasse (1824 fertig) mit einfachen Rundbogenformen und Gesimsen aus Mainsandstein; von dem Waisenhaus an der Bleichstraße (1826) und dem Israelischen Krankenhaus in der Rechneigrabenstraße (1829–31). Burnitz schien die viel spätere Umwandlung der Renaissance in einen Kasernenstil vorwegzunehmen. Es ist kein Wunder, daß er schleunigst die Liberalisierung in den dreißiger Jahren nutzte und an dem Neubau am Saalhof, später Burnitzbau genannt, romanische Bogenfriese mit Frührenaissancefenstern koppelte.

Nicht immer hat er Glück gehabt. Sein Umbauplan für das Stadttheater, 1823 mit Friedrich Rumpf ausgearbeitet, blieb Papierwerk, sechs Jahre später verlor er gegen den gleichen Rumpf im Zweikampf um das Projekt Heilig-Geist-Hospital, in der gleichen Zeit gegen Moller bei der Planung für ein Kurhaus in Bad Homburg und schließlich auch im Wettbewerb zum Bau einer Börse 1839. Vergleicht man seine Entwürfe mit denen der Sieger, so ist der Qualitätsunterschied eklatant, denn Moller sowohl als Stüler beherrschten den Bau zunächst als klar gegliederten und ausgewogenen Körper, während Burnitz allzeit Hilfsmaßnahmen treffen mußte, bei seinem Entwurf eines Börsengebäudes sogar gotische Ecktürmchen.

In dieser Zeit ist ihm außerhalb des eigentlichen Stadtgebietes, in der Gartenzone am Untermainkai 54, die Gotisierung sogar gelungen, indem er am Landhaus Manskopf die Firstschwenkung zurücknahm, also die Schmalseite mit dem Giebeldach in die Straßenfront setzte und alle vier Dachecken mit Türmchen krönte. Das muß in der Endzeit von Friedrich Heß gewesen sein, als sein Adlatus Henrich die Paragraphen schon großzügig auslegte und im grünen Viertel ein Auge zudrückte.

Wie anders doch wirken die Wohnhäuser von Rudolf Burnitz innerhalb der Stadt. Sein eigenes Haus, Untermainkai 3, (1831) und das Haus du Fay, Neue Mainzer Straße, (um 1835) atmen die Harmonie klassizistischen Wohnbaus, trotz Wechsels von Rundbogenfenstern, auf den Burnitz nicht verzichten konnte, und der durchlöcherten Attikazone, einem Kunstgriff, den außer ihm niemand in Frankfurt angewendet hat. (Von Moller sind Einzelfälle bekannt.)

Burnitz führte sein Leben anders als die einheimischen Kollegen. Die Italienreise hatte er schon vor der Frankfurter Zeit absolviert. Doch er fuhr später, in der Zeit seiner Niederlagen, nach Dresden, Leipzig und Berlin, durch das Rheinland, Holland und Belgien. Er ließ sich von einem Fürsten den Bauratstitel verleihen und nahm auswärtige Aufträge an. Als Weinbrenner-Schüler hatte er auch Ingenieurkenntnisse mitbekommen. Dem Senat der Stadt Frankfurt reichte er 1829 das Modell für einen verbesserten eisernen Stubenofen ein. Man hat von keiner segensreichen zivilisatorischen Tat in diesem Zusammenhang vernommen, wohl aber von der Tatsache, daß die Beheizung in der Stadtbibliothek anfangs der dreißiger Jahre geändert werden mußte, weil ihr Konstrukteur, Herr Baurat Burnitz, wohl noch nicht genügend Erfahrung auf diesem Sektor gehabt hatte.

Vieles versucht und nicht alles erreicht – Rudolf Burnitz war aus anderem Holz geschnitzt als die Gründer des Klassizismus und auch die zweite

Generation, zu der er altersmäßig (1788–1849) gehörte. Ihm fehlte die eiserne Zucht derer, die mit einem Statut aufgewachsen waren, als es noch gar nicht schriftlich formuliert war. Sogar spätere Gegner des Klassizismus wie Oskar Sommer fanden, daß bei Burnitz nicht zum Vorteil die Romantik durchgebrochen war.

Der bekannteste Vertreter der letzten Generation Frankfurter Architekten, in nachklassizistischer Zeit die Spuren einstigen Glanzes mit aktuellen Mitteln nachziehend, war RUDOLF HEINRICH BURNITZ, der Sohn des Baurats Rudolf Burnitz. Wie Friedrich Heß den seinen, so hat auch Heinrich Burnitz den Vater als Vorbild betrachtet, gemäß einer patriarchalisch denkenden Gesellschaft, die den Nachfahren möglichst in vorgezeichnete, als bewährt angesehene Fußstapfen treten ließ. So ist es kein Zufall, daß der Eleve der Zunft genauso anfing wie das Familienoberhaupt.

Nachdem Heinrich Burnitz, 1827 in Frankfurt geboren, im Atelier des Vaters die Elementarkenntnisse der Baukunst empfangen hatte, ging er nach Karlsruhe und studierte bei Heinrich Hübsch, dem Nachfolger Weinbrenners. Da Hübsch schon längst die konstruktive Linie seines Vorgängers verlassen hatte und forderte, ein Rundbogenstil mit verzierten Formen müsse zu einer neuen monumentalen Architektur führen, war Heinrich Burnitz bereits einen Schritt weiter ins 19. Jahrhundert hineingetreten als sein unter Weinbrenner ausgebildeter Vater. Es ist ferner bemerkenswert, daß er nach der Karlsruher Zeit 1849 die Berliner Bauakademie besuchte und in Stülers Atelier arbeitete, der Pflanzschule einer ausgeprägt deutschen Monumentalbauweise, und nach einer Gehilfenzeit bei Hübsch die obligatorische Italienreise 1853 bis 1855 antrat. Von Paris war ebensowenig die Rede wie in der Biographie seines Vaters. Das setzte die von Rudolf Burnitz eingeleitete Nebenströmung innerhalb der Frankfurter Architektur fort.

Betrachtet man dagegen die gleichzeitig verlaufende Entwicklung eines anderen

Architektensohnes, so wird die Zweigleisigkeit der Endphase in Frankfurt sichtbar. Ludwig Daniel Philipp Rumpf, 1831 als Sohn Friedrich Rumpfs geboren, nahm seinen Weg über Vaters Atelier, die Städelschule bei Hessemer und, gleichzeitig mit Burnitz, über die Berliner Bauakademie nach Paris, wo die Ecole des Beaux-Arts ihm den abschließenden Schliff gab, wie das auch bei seinem Vater geschehen war. Rumpf hat von 1854 bis 1858 in seiner Vaterstadt gearbeitet und die Pläne für mehrere Häuser geliefert. Im Historischen Museum in Frankfurt findet sich die Zeichnung für eine Ladenfassade an der Liebfrauenkirche. Es muß sich um einen Entwurf im Zuge des Durchbruchs der Liebfrauenstraße zur Zeil gehandelt haben, den Heinrich Burnitz bis 1858 architektonisch verbrämt hat. Rumpf hat in Paris offenbar schon das Material der Zukunft einbeziehen gelernt: die Eisenkonstruktion. Jedenfalls lieferte er farbige Rahmen mit weiten lichten Fensteröffnungen zu Ausstellungszwecken, wesentlich rationaler, als sie Burnitz in schwerer, ornamentaler Sandsteinstruktur geliefert hat. Ludwig (oder Louis, wie er sich nannte) Rumpf hätte zweifelsohne der Stadt wiederum einen neuen, originalen Weg weisen können, wie es die Vorbilder des Vaters seinerzeit getan, aber er starb schon 1859 auf einer Studienreise in Rom. Das erste Gleis ist mit seinem Tod wohl der Hoffnung beraubt worden, mit frischen Kräften die Zukunft noch einmal auf sich nehmen zu können.

Man hat offenbar auf das zweite Gleis gesetzt, das mit der Linie Burnitz viel eher den gesamtdeutschen illusionistischen Tendenzen verwandt war als der einheimischen Tradition. Der Mittler und amtliche Befürworter war Karl Friedrich Henrich, Stadtbaumeister von 1844 bis 1872, Brücke von der Ära Heß ins wilhelminische Zeitalter, eine ausgleichende Natur ohne ein eigenes Programm. Der Frankfurter Handwerkersohn stand zwischen den Zeiten und nahm von jeder, was sie bot. Seinen bestimmenden Eindruck hat er in München bei Friedrich von Gärtner empfangen, dem routinierten Vollstrecker historischer Stile, der die bayerische Residenz mit repräsentativen Straßenzügen ausgestattet hat. Henrich ist in seiner Amtszeit ein verkleinertes Abbild des Lehrers geworden, nachdem er sich in den anderen deutschen Zentren Wien, Dresden und Berlin sowie in Prag und in Paris umgesehen hatte. In den vierziger Jahren hat er quasi noch unter den Augen seines Chefs Friedrich Heß gebaut und – im Falle der ersten Eisenbahnhöfe (Main-Neckar- und Main-Weser-Bahnhof) – sich mit den ersten Anforderungen des technischen Zeitalters auseinandergesetzt, in den fünfziger Jahren und später aber selbst an zahlreichen städtischen Bauten den Katalog des Ekklektizismus ausgeweidet. Der offizielle Historismus ist in seiner Zeit zum Alltag geworden an Schulen, Lagerhallen und Hospitälern. Und da er den Kollegen nicht verweigern konnte, was er selbst exerzierte, wurde es in den ersten Jahrzehnten baulicher Willkür ein Glücksfall, wenn die Erinnerung an die Periode der ersten Sachlichkeit noch späte Blüten hervorbrachte.

Sie sind Heinrich Burnitz zu danken, als er in den sieben ersten Jahren mit der Bebauung der neu erschlossenen Junghofstraße eine letzte Zeile in das Buch des Frankfurter Klassizismus schrieb mit dem Saalbau, dem Haus des Kunstvereins sowie einigen anderen Gebäuden. Es ist um so höher zu preisen, weil er seinen Einstand schon 1855–58 mit der Verkleidung der Liebfrauenstraße gegeben hatte, geradezu einer Bedrohung des Passanten in Gestalt eines Alptraums aus rotem Sandstein, der aus Arkaden, Gesimsen, Giebeln und Tempelchen die totale Verfremdung einer Fassade vorführte. Wie schockierend das auf das sachliche Bürgergemüt gewirkt haben muß, beweist der Spitzname, den die Frankfurter dem steinernen Zauber gegeben haben: man nannte ihn »Malakoff« nach dem Fort bei Sebastopol, das 1855 im Krimkrieg von den verbündeten europäischen und türkischen Armeen erobert worden war, ein Zeitereignis, in aller Munde, weil man es im Panoramatheater bei künstlicher Beleuchtung nacherleben konnte. Daß der Spott der Bürger ein so entlegenes Vehikel benutzte, deutet auf den befremdlichen, fast exotischen Eindruck von Burnitz' Sandsteinornamentik; es muß zunächst wie eine Botschaft aus dem fremden Tatarenland gewirkt haben. Den Lobrednern der historischen Epoche aber war es hinterher eine Offenbarung, weil Burnitz es als erster gewagt habe, der Zeit der Putzbauten den Krieg zu erklären und als Bahnbrecher kräftig nach Art venezianischer Renaissance in Sandstein zu gliedern.

Die Junghofperiode war also noch einmal ein Zugeständnis des Architekten an die mit dem »Malakoff« abgestrittene Tradition des Klassizismus der hellen, abgewogenen Sachlichkeit. Burnitz hatte den Auftrag übrigens dem Umstand zu danken, daß er ein Hiesiger war, denn das Gutachterkomitee für das Saalbauprojekt erkannte den ersten Preis dem Ungarn Jkalnitzky zu und richtete sich aus landsmannschaftlichen Gründen dann nach dem Plan des zweiten Siegers.

Immer ist es Heinrich Burnitz nicht gelungen, sein Bürgerrecht ausspielen zu können, denn zwölf Jahre später mußte er das Opernhaus einem besseren Architekten überlassen und war, wie die Chronik zu melden weiß, recht beleidigt deswegen. Mit dem Bau der neuen Börse, zusammen mit Oskar Sommer, hat er zur gleichen Zeit die Anbetung der neuen Wohlstandspracht vollzogen. Doch liegt jener Bau schon weit außerhalb des Stroms bürgerlichen Bauens in der Nachfolge des Klassizismus, ebenso auch die zahlreichen Villen, Geschäftshäuser und Schulen, die Heinrich Burnitz bis zu seinem Tod im Jahr 1880 in Frankfurt errichtet hat.

Chronik

1785	Georg Heß als Stadtbaumeister berufen.
1786–87	Entwurf für Paulskirche von Liebhardt. Konkurrent Pigage prüft Pläne, hat nichts einzuwenden, legt aber eigene vor.
1788	Heß wird Stadtbauamtsvorsteher.
	Baubeginn Paulskirche.
	Plan für Fischerfeldsiedlung.
1788–94	Pigage: Russischer Hof (Schweitzerhaus)
1791	Pigage entwirft Haus Schmidt, Zeil.
	Salins de Montfort berät beim Bau der reformierten Kirchen (?).

1792	Heß baut Haus Braunfels für Messe- und Börsenzwecke um.
	Brückhof zur Hälfte abgebrochen.
	1. Straßenalignement für Fischerfeld. Versteigerung der Grundstücke.
1793	Baubeginn Fischerfeld; verzögert sich aber wegen schwieriger Bodenverhältnisse.
1795	Entwurf Salins' für Haus Leonhardi, Zeil 92, nachdem Rohbau von Heß (1793) wieder abgerissen.
1797	Salins: Englischer Hof, Roßmarkt 13–15.
1798	Salins: Pavillon Metzler, Offenbach.
1799	Salins: Haus Gontard, Bockenheimer Landstr. 42;
	Haus de Neufville, Roßmarkt 23; Haus Sarasin, Kl. Kornmarkt 14.
1800	Philipp Jakob Hoffmann in Frankfurt.
	Fortsetzung der ersten Planvermessung auf Ratsverordnung.
1801	Salins: Haus Sinzheim, Goetheplatz 9; Haus Rittershausen, Domplatz 6.
1802	Brückenturm auf der Frankfurter Seite niedergelegt.
1803	Salins: Haus Mülhens, Gr. Eschenheimer 74.
1803–05	Salins: Landhaus Gogel, Gutleutstr. 335.
1804	Rat beschließt Schleifen der Wälle.
	Brückhofstraße 9.
1805	Heß: Schöne Aussicht 16.
	Heß will Nikolai-Kirche abreißen und Messehalle bauen.
1806–07	Salins: Gartenhaus Leonhardi, Bockenheimer Anlage 15.
	Wallpromenade (bis 1812) wird angelegt.
1807	Schöne Aussicht 12.
	Wallservitut.
	Niedergelegt werden Eschenheimer-, Bockenheimer- und Neues Tor.
1808	Hoffmann: Wendelsweg 1.
	Allerheiligentor wird niedergelegt.
	Heß: Entwurf für Friedberger Tor.

1809	Baugesetz von Georg Heß, mit Veränderungen und Ergänzungen gültig bis 1884.
	Friedrich Heß: Neue Mainzer Straße 49.
	Affentor abgerissen.
1810	P. J. Hoffmann: Große Gallusstraße 18 (Ecke Neue Mainzer 44).
	G. Heß: Töngesgasse 14–16. Mietshäuser anstelle des abgerissenen Kapuzinerklosters.
	G. Heß: Neubau Allerheiligentor.
	Fr. Heß will Eschenheimer Tor abreißen.
	Hoffmann: Geschäftshaus Rothschild, Fahrgasse.
	G. Heß – Hoffmann: Töngesgasse 10.
	Fr. Heß: Neubau Affentor.
1812	Obelisk Brückhofstraße.
	Sachsenhäuser Friedhof (jetzt Anlage).
1813	Festungswerke nahezu abgetragen.
1815	Salins: Riedhof Bethmann.
	Bethmann-Museum.
	Hoffmann beantragt Bau einer Wasserleitung aus dem Knoblauchsfeld.
1816	Fr. Heß Nachfolger von G. Heß.
	Salins: Neue Mainzer 59 (Koester, dann Rothschild).
1817	Fr. Rumpf läßt sich in Frankfurt nieder.
	Hoffmann: Speisesaal Weidenhof.
	Salins: Haus Lutteroth, Roßmarkt 12 (1816–17).
1818	Salins: Haus St. George, Neue Mainzer 15–17.
1819	Fr. Rumpf beginnt mit Wirtschaftsgebäuden des Schönhofs.
1820–25	Fr. Heß: Stadtbibliothek.
	Senckenberg-Museum von Heß und Rumpf.
	Untermainkai-Zeile von Neue Mainzer bis Untermaintor.

1822	Konstabler Wachtgebäude abgerissen.
	R. Burnitz Bürgerrecht in Frankfurt.
	A. F. Kayser: Paulsplatz 16.
1823	Fr. Heß: Untermainkai 4.
	Rumpf: Neue Mainzer 9.
	R. Burnitz u. Fr. Rumpf entwickeln Pläne für ein Opernhaus.
1824	R. Burnitz: Versorgungshaus Hammelsgasse.
	Fr. Heß: Allerheiligen-, Dreikönigs-, Selekten- u. Katharinenschule (bis 1826).
	Heinrich Hübsch wird Lehrer für Architektur an der Städelschule. (Bis 1827.)
1825–27	Zwei neue Friedhöfe angelegt.
1826	R. Burnitz: Waisenhaus, Bleichstraße.
	Fr. Rumpf: Entwurf für Hauptfriedhof und Israelitischen Friedhof (bis 1828).
1828	Erste Gasfabrik (Gutleutstraße).
	Ölgasbeleuchtung für Läden, Gasthöfe, Privathäuser und Straßen vor der Stadt.
	Quellwasserleitung Knoblauchsfeld (bis 1834).
1829–31	R. Burnitz: Israelitisches Krankenhaus.
	Umbau Städelgalerie Fr. Heß u. F. M. Hessemer, bis 1833.
	Mainkai von Alte Brücke bis Leonhardskirche angelegt.
1830	Maximilian Hessemer Professor an der Städelschule als Nachfolger von Hübsch.
	Fr. Heß: Hochstraße 16–18.
	Rumpf beginnt mit Umbau des Palais Rothschild, Bockenheimer Landstraße.
1831	R. Burnitz: Wohnhaus Untermainkai 3.
	Bebauungsplan der Wallstraßen.

1829–33	Fr. Heß: Vollendung Paulskirche.
1832	Stadt hat sich seit 1792 um ein Fünftel vergrößert.
1833	Heiliggeist-Hospital von Fr. Rumpf (bis 1839).
1835	Torsperren aufgehoben.
1836	Hessemer: »Arabische u. altitalienische Bauverzierungen«.
1839	Karl Friedrich Henrich wird provisorischer Baukondukteur.
	Erste Eisenbahn läuft bis Höchst.
1840	Von R. Burnitz wird Saalbau vorgeschlagen.
	Fr. Heß: Städt. Münze.
	F. A. Stüler: Alte Börse.
	Versuch, eine Omnibuslinie nach Taunusbahnhof zu konzessionieren.
	Fahrtor wird abgebrochen.
1841	Fr. Heß und Henrich: Zollgebäude.
1842	Hessemer: Grabkapelle Reichenbach auf dem Hauptfriedhof.
	Aufstockung des Senckenberg-Museums.
1843	R. Burnitz: Neue Mainzer 57.
1844	Henrich wird Nachfolger von Fr. Heß; Assistent Rügemer.
	Wilhelmsbrücke für die Eisenbahn.
1845	J. von Essen: Bau der Grüneburg nach französischen Vorlagen.
	Dr. Christs Kinderhospital.
	Opfermann baut Israel. Realschule an der Rechneigrabenstraße.
1846	Main-Weserbahn nach Kassel.
	Steinkohlengasbeleuchtung.
1848–49	Bahnstrecke Frankfurt–Sachsenhausen–Offenbach.
1849	Henrich: Taunustor.
	6. 2. 1849 Gesetz zur Anlegung von Gärten, Gebäuden und Straßen.
1851	Frankfurter Wichgesetz.
	Bebauungspläne: Humboldtstraße, Oberweg, Glauburgstraße.
	Fichard-, Bau-, Finkenhof-Straße.

1851 Bebauungspläne: Feuerbachstraße, Westendplatz.
Mauerweg, Merianstraße, Baumweg, Hermesweg, Im Trutz.
Obermainanlage ostwärts.

1852–53 Synagoge Schützenstraße von J. W. Renck.

1855 Bebauungsplan Bürgerstraße, Untermainkai.
H. Burnitz in Frankfurt.
Umbau des Stadttheaters.
Durchbruch Liebfrauenstraße.
Henrich baut Städtische Lederhalle; Plan für Bethmannschule.
J. G. Kayser: Hauptsynagoge.

1856 Henrich: Städtische Entbindungsanstalt an der Heiligkreuzgasse und Städtisches Lagerhaus, Alte Mainzer Gasse.

1858 H. Burnitz baut Geschäftshäuser an Liebfrauenstraße (Malakoff).
Anlage des Mainkais von Leonhards-Kirche bis Windmühlstraße.

1860 Durchbruch der Junghof- und Alte Rothofstraße.
H. Burnitz: Kunstverein, Junghofstraße.
Eschenheimer Anlage 28 im maurischen Stil.
Aufruf Dr. Varrentrapps zur Gründung einer Gemeinnützigen Baugesellschaft.
Das Nizza entsteht durch Zuschüttung des Winterhafens am Schneidwall.

1861 H. Burnitz: Saalbau.
Briefpostexpedition in Taunusstr. 4 eingerichtet.

1864 H. Burnitz: Armenklinik, Meisengasse.
Stadttore entfernt, Wachhäuser erhalten, mit Ausnahme der am Main gelegenen; Verlegung der Octroi-Schranken aus dem Anlagenring nach auswärts.

1864 F. W. Delkeskamp: »Malerischer Plan von Frankfurt am Main und seiner näheren Umgebung«.

1867	Einführung der heutigen Kanalisation.
1869	Alignementsplan für den südwestlichen Teil des Gallenfeldes aufgelegt.
	Versteigerung von Gärten am Ginnheimer Weg neben dem Palmengarten.
	Ostendpromenade wird in der Presse als die »fashionabelste und anmutigste« bezeichnet. Kursaal Milani (vorher Bethmann-Museum) erhält Glasterrasse.
	Durchbruch Hochstraße als Verbindung Trutz-/Kastenhospitalgasse eingeleitet.
1869–70	F. Kayser: Gesellschaftshaus im Palmengarten.
1871	Wallgräben werden zugeschüttet.
1872	Bebauungsplan Beethovenplatz.
	Pferdebahn wird eröffnet.
	Bis 1873 Durchbruch Kaiser-, Friedens-, Kirchner-, Bethmann-Straße.
1873	Bebauung der Liebig-, Friedrich-, Miquelstraße und der Unterlindau.
1873–80	Lucae: Oper, Plan von 1872/73.
1874	Frankfurt ist Großstadt von 100 000 Einwohnern.

Zu den Abbildungen

I Innenstadt und öffentliche Gebäude

Sucht man nach dem treffenden Wort für diese fast hundert Jahre umspannende Zeit zwischen Paulskirche und Oper, so wäre sie beinahe mit den Grundsätzen Repräsentation und Rendite abgesteckt. Aber nur beinahe, denn die scharfe Trennung zwischen öffentlichem Geltungsstreben und privatem Profit ist im Frankfurt des 19. Jahrhunderts zunächst nicht sonderlich ausgeprägt. Es läßt sich auch kaum eine Spur für die Vermutung finden, an repräsentablen Gebäuden hätten Bauideen für spätere Wiederholung am Bürgerhaus Schule gemacht. Denn die ersten Zeugnisse – Paulskirche und die beiden Bethäuser der Reformierten Gemeinden – brachen zwar weit sichtbar die Bahn für den Klassizismus, waren aber von ihrer Zweckbestimmung her nicht geeignet, raumfunktionelle Beispiele für das Wohnhaus zu geben. Höchstens geistig prägten sie vor, ausgerechnet in unkünstlerischer, kalkulatorischer und konfessioneller Hinsicht, denn man glaubte, in ihnen mehrstöckige Bürgerhäuser sehen zu dürfen, gemäß nüchternem protestantischen Sinn und – im Falle der reformierten Kirchen – auch aus einer gewissen Mißgunst gegen Andersgläubige.

In der Entwicklungszeit für die Stadtbibliothek läßt sich ein Dialog mit Meinungsnuancen rekonstruieren, der die Situation beleuchtet. Gutachter Georg Moller aus Darmstadt war der Ansicht, ein Privatgebäude habe die Bequemlichkeit als ersten Zweck, das Äußere käme erst in zweiter Linie; bei öffentlichen Gebäuden mit höherer Bestimmung müsse man zwar die individuelle Funktion berücksichtigen, vor allem aber dafür sorgen, daß feste Konstruktion und die

Schönheit der Maße ein würdiges Denkmal des Geschmacks garantierten für die Dauer von Jahrhunderten. Der Empfänger dieses Urteils, der Frankfurter Senat, hatte zu dieser Zeit aber schon Angst vor den »Prunkgebäuden, welche uns bedrohen«, wie Bürgermeister Johann Wilhelm Metzler äußerte. Er bremste also lieber einen weiteren Wettbewerb ab und ließ den eigenen Stadtbaumeister Friedrich Heß an seinem Entwurf weiterarbeiten. Mehrkosten nahm man in Kauf, weil man einsah, »daß ein Gebäude dieser Art, zumal in der jetzigen Zeit, wo die Baukunst sowohl in Rücksicht des Geschmackes als der wissenschaftlichen Bearbeitung so große Fortschritte gemacht habe, der Kritik der Kenner weit mehr ausgesetzt sei als jedes Privatgebäude«. Freudige Erregung scheint also nicht im Spiel gewesen zu sein, eher die Einsicht, man dürfe sich vor der Fachwelt nicht blamieren und müsse mit der Zeit gehen.

Die Grenzen der städtischen Prunksucht sind nirgendwo besser als am Römer abzulesen, einem aus mehreren gotischen Bürgerhäusern bestehenden Rathaus, nacheinander zusammengekauft, wenn der Platz für die Verwaltung nicht mehr reichte. Es gibt keine Stadt vergleichbarer Größe und gleichen Wohlstands, die so wenig aufgewendet hat, um ihrer Regierung eine passable Unterkunft zu schaffen. Freilich gab es auch kaum anderswo einen so malerischen und mit Reichsgeschichte befrachteten Platz.

In der klassizistischen Epoche, als man auch kommerziell und geistig mit Macht in die Zukunft einstieg, war es aber mit romantisch aussehenden Improvisationen nicht mehr getan. Sogar die von Mutter Goethe als »alte Perücken« bespöttelten Stadtväter wußten das. Sie wären aber keine Frankfurter gewesen, wenn sie nicht trotzdem den Daumen auf den Geldbeutel gehalten hätten. Daß sie mit dem durch das Filter der Aufklärung gegangenen Klassizismus ein Instrument fanden, das ihren Intentionen entgegenkam, muß als ein stadtgeschichtlich glückliches Zusammentreffen bezeichnet werden. Großzügig in der Raumordnung, imposant und abgewogen in den Maßen, dabei nicht auf äußeren Zierrat bedacht – was wollten sie mehr?

Sieht man die öffentlichen Bauten topographisch, so erweist sich ihr Drang an den grünen Ring. Er läßt sich keineswegs mit dem Hinweis erklären, in der Innenstadt sei kein Platz mehr vorhanden gewesen, denn sowohl die Stadtbibliothek als auch die Oper sollten ursprünglich mitten in die Stadt gelegt werden. Für das Haus der Bücher hatte es zunächst mehrere Plazierungsvorschläge gegeben, der Musiktempel hätte fünfzig Jahre später nach Meinung der Baudeputation auch mitten auf der Hauptwache oder auf dem Rahmhofgelände, dem heutigen Börsenplatz, stehen können. Daß die Entscheidung dann doch für die Plätze am Bockenheimer Tor und am Obermaintor fiel, läßt auf eine Geistesverwandtschaft der grünen Zone mit kulturellen Bestimmungen schließen. Nicht weit entfernt von solchen Bindungen, zusammen mit der Aussicht auf bessere Luft, mag auch die Überlegung gestanden haben, ein Haus der Medizin, zwischen Bibliotheksgarten und den Rechneiweiher, zu bauen: das Hospital Zum Heiligen Geist. Das Konzerthaus Saalbau verdankt seine Lage zwischen Zentrum und Peripherie mehr dem Zufall, daß das Gelände des Junghofes baulich erschlossen und dort ein passendes Grundstück frei wurde, übrigens der Platz, an dem seit dem 18. Jahrhundert schon das Konzerthaus Junghof gestanden hatte. Kein Zufall aber war es gewiß, daß die beiden dem Kommerz dienenden Gebäude nicht im grünen Kranz der Stadt angesiedelt wurden, sondern im Zentrum blieben: die alte Börse von 1840 an der Neuen Kräme und die neue Börse auf dem Rahmhof, in der Nachfolge des an diesem Platz vorgesehenen Opernhauses.

Die Herkunft der Architekten und Gutachter spiegelt die Orientierung der klassizistischen Periode. Je weiter das Jahrhundert und seine nationale Tendenz fortschritten, desto stärker verlagerte sich der Glaube an Autorität von West nach Ost. Die Paulskirche, an der Drehscheibe der Zeiten stehend, sah einen französischen Gutachter, und auch – wir wissen nichts von den persönlichen Gründen – ein Kollegium aus Berlin um den Staatsarchitekten Langhans richtet über die Arbeit Frankfurter Baumeister. Ein Entwurf für die Stadtbibliothek wurde kurz nach der Jahrhundertwende von Heß, dem Sohn, unter den Augen seiner Lehrer in Paris gezeichnet. Als Gutachter beim Bau des Fischerfeldviertels soll der Franzose Salins de Montfort tätig gewesen sein. Mag es dann an dem jüngst beendeten Krieg gegen Frankreich gelegen haben, daß man nicht ein Urteil in Paris für die letzte Phase des Bibliotheksprojekts einholte, sondern in Darmstadt? Kurze Zeit später jedoch wurden die Umbaupläne für das Stadttheater von Rumpf und Burnitz 1823 wieder nach der französischen Hauptstadt geschickt: Immerhin hatte Friedrich Rumpf sechs Jahre vorher noch in Paris studiert, und es spricht für den weltbürgerlichen Charakter des Frankfurter Klassizismus, daß er in einer Zeit nationalgeistiger Wiedergeburt keine Scheuklappen trug.

Die Stadt des deutschen Bundestages jedoch, die plötzlich Gesandtschaften aller Stämme in ihren Mauern sah, wendete sich in der Folge mehr nach innen. Die Abhängigkeit liegt in direkter Linie: Als man sich bei der Projektierung des neuen Heilig-Geist-Hospitals über die Entwürfe von Burnitz und Rumpf nicht einig werden konnte, schlug der Senior des Pflegamts vor, man solle ein neutrales Gutachten der Kaiserlichen Bauakademie in Wien einholen. Dieser Senior aber war Michael von Lukacsich, ein Major der K. u. K. österreichischen Armee!

Zehn Jahre später schrieb die Frankfurter Handelskammer, eine zwangsläufig über den Frankfurter Horizont hinausschauende Korporation, den Wettbewerb für ein Börsengebäude aus. Ihn gewann, ein Novum seit Jahrzehnten, ein auswärtiger Architekt, Friedrich August Stüler aus Berlin. Daß die Stadt aber ihre kommunalen Bauten noch in Eigenarbeit besorgte, beweisen die gleichzeitigen Projekte der Münze und des Zollhofes, beide von Friedrich Heß erledigt. Den Wettbewerb der Museumsgesellschaft für den Saalbau gewann zwar ein Ungar, doch gebaut hat ein Frankfurter, sicherlich zum Vorteil des Straßenbildes, das wesentlich von dem gleichen Architekten Heinrich Burnitz geprägt wurde. Und den Schlußpunkt setzte Berlin im ersten Jahr des Zweiten Kaiserreichs. Drei ehemalige Schüler der dortigen Bauakademie, später im Theaterbau erfahren, wurden beauftragt: die Professoren Strack und Lucae sowie der Frankfurter Burnitz, außerdem mit dem Belgier Bordiau und dem Altenburger Otto Brückwald, der später das Bayreuther Festspielhaus baute, zwei weitere Fachleute. Unter den Schiedsrichtern befanden sich Gottlieb Semper, der namhafteste Architekt seiner Zeit in Deutschland, und der Berliner Georg Heinrich Friedrich Hitzig neben der Lokalgröße Karl Friedrich Henrich und dem Oberbaurat Hofmann aus der neuen preußischen Provinzhauptstadt Wiesbaden.

Sicher sind die Zusammenhänge manchmal von personellen Zufällen und Beziehungen abhängig gewesen; typisch für die geistige und politische Tagesströmung waren sie in jedem Falle. Ihre Ergebnisse haben dennoch, von der Predigerkirche bis zum Musentempel, bei stets wachsender äußerer Bereicherung durch Renaissance-Elemente den klassizistischen Grundzug bewahrt.

Der elliptische Zentralbau der Paulskirche aus Rotsandsteinquadern mit Bogenfenstern in zwei Geschossen und einem mansardähnlichen Dach ist in Material und Grundriß verschieden von dem bald folgenden Wohnhaus, dem kubischen Putzbau. Innerlicher Konsens ergibt sich aus den genau übereinandergesetzten Fenstern in zwei Geschossen (im oberen sogar in viereckige Blenden plaziert), der Quaderung, die über den Bögen der Saalfenster dem sechsschenkligen Fugenschnitt der Wohnhäuser entspricht, den sechs Bogenportalen mit Flachgiebeln über toskanischen Dreiviertelsäulen und der schmucklosen Außenhaut des Gebäudes. Der quadratische Turm vor der Südseite und die zwei rechteckigen Treppenhäuser im Nordosten und Nordwesten erwecken ebenso den Eindruck der Rationalität wie auch die Innenausstattung mit der umlaufenden Empore auf zwanzig ionischen Marmorsäulen. Alles ist funktionell gebremste Repräsentanz. Wie sehr das beispielsweise einen katholischen Besucher stören mußte, läßt sich aus einer Äußerung des Jahres 1848 schließen: »Kein leiser Ausdruck von ahnungsreicher, warmer Andacht und Gottesnähe, von Gebet und Kirchenlied spricht aus den kalten antik modernen Formen der Rotunde, deren Kuppel auf ionischen Säulen ruht, und unter ihrer kühlen Wölbung, wo nicht ein fröhliches Volk von Tänzern, doch jedenfalls sehr weltlichen Verkehr zu erwarten scheint.« (Der Abgeordnete Breda-Weber.)

Da die Paulskirche erst im Jahr 1833 endgültig fertig geworden war, darf man ihre Wirkung auf die ersten beiden Generationen nicht allzu hoch einschätzen, denn sie stand bis ins neue Jahrhundert hinein als Rohbau da, diente als Lagerhaus und Ausstellungshalle, konnte also nicht das bis ins Detail ausgeformte Modell abgeben. Ihre fragmentarische Wirkung blieb also auf das Freimachen des städtischen Sinns für das Neue beschränkt. Mehr bedurften die Baumeister auch gar nicht, denn Pigage und Salins brachten von sich aus fertige Konzepte mit oder haben sie hier aus anderer Aufgabenstellung her entwickelt.

Das Haus Leonhardi von Salins de Montfort, viergeschossig mit sechs Achsen, deren mittlere vier in giebelgekrönter Vorlage von einem konsolengetragenen Balkon im ersten Obergeschoß zusammengefaßt waren, darf als das erste Bürgerhaus mittlerer Größe in dieser Periode gelten. Die Fenster im Mittelrisalit der Beletage waren giebelgekrönt, die Fenster der beiden Seitenachsen sowie die gesamte Reihe im dritten Geschoß trugen einfache Verdachung. Der Zahnschnitt, als dichte Reihung vorspringender Elemente eine ornamentale Ableitung von dem antiken Gebälkabschluß, sollte von nun an regelmäßige Zier an der obersten Horizontale des klassizistischen Hauses werden, der Fugenschnitt als Pseudorustika das Erdgeschoß dekorieren.

Salins' Haus Mülhens in der Großen Eschenheimer Straße war – im Gegensatz zu der vertikalen, grundstückbedingten Orientierung des Leonhardischen Hauses – als bürgerlicher Palast ganz in die Horizontale gezogen, wobei von den fünfzehn Achsen die je drei äußeren in die Vorlage kamen, nur die mittlere Zufahrt schwach betont wurde und breite Simse die beiden Obergeschosse kräftig unterstrichen. Die Fenster der Beletage saßen in Arkaden, mit denen die rechteckigen Wandfelder ausgestellt waren. Auch dieses Motiv wiederholte sich bei den Frankfurter Gefolgsleuten des Franzosen nun recht oft.

Während der Abwesenheit des Meisters hat sein Schüler Hoffmann das Bankhaus Rothschild gebaut. Da es nicht nur Salins gegenüber viel mehr Nüchternheit atmet, sondern auch im Vergleich zu Hoffmanns anderen Bauten der Zeit, muß angenommen werden, daß die Zurückhaltung auf Wunsch des Bauherren zustande kam. Fenster mit Rundbogen im Erdgeschoß, in der Folge der steinernen Arkaden aus vorangegangenen Epochen von Geschäftsbauten, belebt von Fugenschnitt, einfache Fensterverdachungen im ersten Obergeschoß, einfache Simsgurte und der Zahnschnitt am Dachsims sind die sparsam gliedernden und dekorierenden Elemente an der achtachsigen Fassade nach der Bornheimer Gasse (dann Börnestraße), später durch Anbau um weitere vier Achsen verbreitert.

Hier war tatsächlich der Kommerz Trumpf. Viele Büroräume hinter einer glatten Fassade, dazu jedoch ein respektabler, säulenflankierter Treppenaufgang, wie er, zunächst von Salins eingeführt, auch an der Schönen Aussicht üblich, das war die enge Verbindung von Kunst und Kommerz.

Wie zäh sich in der Innenstadt noch fünfzig Jahre später dieses Modell lebendig halten konnte, wird am Eckhaus Roßmarkt-Töpfengasse ersichtlich. 1862 hat es der Bierbrauermeister Gustav Daniel Mevi auf der Stelle des abgerissenen alten Pfuhlhofes errichten lassen, zwischen einem Häuserensemble nach Plänen von Salins, Heß und Rumpf. Es sollte sich als »geschmackvoller Neubau« einfügen und paßte sich in Höhe und Geschoßlinie dem angrenzenden Haus Lutteroth von Salins an. Das für künftige Geschäftszwecke überhöhte Erdgeschoß (wirklich zog kurze Zeit später das Bankhaus Erlanger ein) war wie das Rothschildsche Haus mit Rundbogen versehen, die Fenster der Obergeschosse einfach gerahmt und durch breite Simsbänder getrennt. War die Ecke des Hauses an der Bornheimer Gasse, in der Nachfolge von Eckhäusern im nahen Brückhofgelände, noch als stumpfe Nase ausgebildet, so hat man sie am Roßmarkt in der Breite von drei Fensterachsen gerundet und im ersten sowie zweiten Obergeschoß mit Balkonen versehen. Ebenfalls ist ein Unterschied zur Rothschildbank an der paarigen Ausbildung von zwei Doppelachsen nach dem Roßmarkt zu festzustellen. Doch insgesamt blieb der Baugedanke der gleiche, und die inzwischen am Frankfurter Bau eingeführten Applikationen waren nicht berücksichtigt worden. Es sollte – wie die Häuser nebenan und gegenüber – ganz einfach ein »geschmackvoller Neubau« sein, und dafür sah man in diesem Falle das beste Modell in der Architektur des Jahrhundertbeginns. Der Architekt von Mevis Haus ist nicht mehr zu ermitteln, in den Oeuvrelisten der Größen um 1860 findet sich die Adresse nicht, und so muß angenommen werden, daß es sich um einen der weniger brillierenden Baumeister gehandelt hat, der im bewährten Stil arbeitete, ohne Experimente zu versuchen.

Zurück zu den öffentlichen Bauten. Von den Stadttoren des Georg Heß, in der Dalbergzeit meist als Repliken griechischer Tempel gebaut, sind allein die beiden weniger antikisierenden bis ins 20. Jahrhundert gelangt. Sie hatten eher renaissancehafte Züge, die Heß an öffentlichen Bauten in diesem frühen Zeitpunkt leichter zuließ als an seiner eigentlichen Domäne des Privathauses. Die drei Ufertore bestanden jeweils aus einem Gebäude und einem die Straße abschließenden Gitter, die Landtore aus einem Zwillingspaar, durch Gitter- und Torverschluß verbunden. Diese antiken Zitate, mit denen die Stadt Frankfurt den Neuankömmling begrüßte, dienten als Wach- und Zollhäuser. Das Schieferdach war die vertraute mitteleuropäische Haube über dem mittelmeerischen Gewand, unter dem wieder ein Körper aus einheimischem Material steckte. Denn die meist aus Sandstein bestehenden Sockel, Säulen, Pfeiler, Tür- und Fenstereinfassungen wurden gleich den hölzernen Hauptgesimsen mit gelber oder silbergrauer Ölfarbe angestrichen, die äußeren Putzflächen mit hellgelber Freskofarbe, die Gitter schwarz und ihre Spitzen vergoldet, gemäß der aus Paris kommenden Empire-Mode. Als Bauwerk im originalen Zustand blieb das Allerheiligentor stehen, während die Vorhallen des Friedberger Tores nach Verlust der Funktion zugebaut wurden, so daß nur die Arkadenbögen noch von der einstigen Gestalt Zeugnis gaben.

Man kann die Stadtbibliothek als die antike Brosche am atmenden Busen der Stadt, als helle, festliche Schnalle am grünen Gürtel des Anlagenrings betrachten und auch als das veredelte Schlußstück der Schönen Aussicht am Obermaintor. Der kubische zweistöckige Baukörper mit der waagerechten Fugung im Erdgeschoß und der Attika über dem Kranzgesims, dem Zahnschnitt darunter, der einfachen Verdachung der Fenster, die nur im Erdgeschoß Konsolen hatte, hätte ohne weiteres als ein Bürgerpalais des Empire gelten können, wenn ihm nicht der Portikus vorgesetzt worden wäre. Dieses antike Bauglied war mit seiner Größe und konsequenten Ausprägung eine wirkliche Novität in Frankfurt, mitten in der Hochzeit des Klassizismus, und bis zum Bau des Opernhauses sollte sich eine solche Ausformung klassischer Bildungsgüter auch nicht mehr wiederholen. Der Baumeister Friedrich Heß gedachte zwar, die vom Bildhauer Matthäus Krampf ausgeführten Kapitelle der sechs korinthischen Säulen plastisch durch Figurenschmuck am Bau zu ergänzen, mußte aus Kostengründen jedoch darauf verzichten. (Die Reliefs im Giebelfeld wurden erst 1893–94 angebracht.) So blieb es denn, dem klassizistischen Gesamtbild der Stadt zum Segen, ein veredelter Bürgerbau, und die Rendite hielt die Repräsentation in Schranken.

Nicht in dieser Vollendung hat der junge Friedrich Rumpf wenige Jahre später den Portalbau des Hauptfriedhofes gestalten können, der monumentale Mittelbau mit Flachgiebel und der Durchfahrt zwischen zwei dorischen Säulen hat eher den Eindruck des Verschlossenen, Abweisenden hervorgerufen, wobei die kahlen, glattgeputzten Wände noch zusätzlich den Eindruck verstärkten, man trete durch einen dunklen Schlund ins Reich der Toten. Zwei kolossale Engelsköpfe von Nepomuk Zwerger wurden auf die von den Giebelwinkeln angeschnittenen Ecken des Daches gesetzt. Sie wirkten frei, für sich allein stehend, wie jedes Glied des Baus: in diesem Sinne ein konsequentes Beispiel klassischen Gefühls für Würde, doch insgesamt eine nicht ausgewogene Monumentalität. Mit der dreiflügeligen Anlage des Hospitals an der Lange Straße hat Rumpf zum ersten Mal in der Periode einen mehrteiligen Zweckbau um einen Innenhof gruppiert und ihn an der Frontseite durch einen einstöckigen Portalbau abgeschlossen.

Mehr als 2000 Quadratmeter Grundfläche bedeckend, ist er in eine Dimension geraten, die – an der Ostfassade – zwanzig Achsen in drei Geschossen aufwies. Gliederung mußte vor dem Zerfließen schützen und die übermäßig breite Horizontale aufwiegen. Es bestätigt Rumpfs starke Bindung an die ersten dreißig Jahre klassizistischer Bautradition, daß er sich noch nicht der Versuchung renaissancehafter Kolossalordnung beugte. Zwar band er die beiden Obergeschosse durch Vertikale zusammen als Gegengewicht zu den kräftigen Gesimsen, griff aber nicht zu dem ehemals bewährten Mittel der Pilaster, sondern begnügte sich mit breiten Lisenen aus Mainsandstein ohne plastische Wirkung, die der Wand eine flächige Gliederung bewahrten. Über die rundbogigen Fenster ließ er zwischen den Obergeschossen noch viereckige Blenden in die Wand ein und schützte also vor der Dominanz der Kreisform. Am Portalbau der Westfassade wiederholte er die ungelenk wuchtige Wirkung des Friedhofsportals nicht, sondern griff zum Stützenwechsel aus Halbpfeilern und Halbsäulen. In die Wand waren symmetrisch zwei rundbogige Nischen eingelassen, in die 1863 die symbolischen Figuren von Krankheit und Genesung (Eduard Schmidt von der Launitz) frei hineingestellt wurden. Über dem Tor saß ein schlichter, flacher Dreiecksgiebel mit der Inschrift auf dem Architrav. Insgesamt gesehen war es die gelungene Einbindung verschiedener Stilelemente in die klassizistische Ordnung.

Sogar Stülers Börsenbau von 1840, so viel farbiger er auch durch die massive, grün und rot gestreifte Fassade aus fränkischem Sandstein gewirkt haben mag, ist ein streng kubischer Bau geblieben. Der Große Saal im Erdgeschoß bedingte zwar eine überhohe Ausbildung der Fenster, und zwischen ihren Rundbögen standen auf Pilastern plastische Figuren, doch hatte die obere Hälfte des Hauses keine andere Richtung als die Horizontale. Ein kräftiges Gesims mit Zahnschnitt, am Dachabschluß wiederholt, wirkte energisch als lagernde Tendenz und hob die übermäßige Öffnung der Erdgeschoßzone auf. Es mochten Erinnerungen an die romantisierenden Einfälle der Schinkel-Schule aufkommen, doch verklangen sie rasch als zaghafte Details an einem geschlossenen Block. Zu schweigen ist allerdings von der arabesken Innenausstattung des Börsensaales, die etwas von levantinischer Atmosphäre hereingebracht hatte. Nicht ausgeschlossen ist es, daß der Katalog altarabischer Bauverzierungen des Städelprofessors Hessemer hier seine erste Auswirkung gehabt hat.

Um das Jahr 1860, als man schon unverblümt mit der Neogotik liebäugelte und in Vorlagebüchern wahre Alpträume von ziseliert Altdeutschem ausbreitete, hat sich noch einmal die einheimische Tradition des Klassizismus kräftig geregt. Ausgelöst vom Abbruch des in der Stadt gelegenen Junghofes, einer barocken Gutsanlage, machte man sich Gedanken, wie die neu angelegte Straße am besten zu besiedeln sei. Zwei Gruppen mit kulturellem Programm ergriffen die Gelegenheit, längst fällige Baupläne an der Junghofstraße zu realisieren: der Museumsverein, Pflegestätte der großen musikalischen Ereignisse, und der Kunstverein, Vermittler der neuesten Malereien an ein Publikum mit stets wachsendem Interesse.

Saalbau und Ausstellungshaus hat Heinrich Burnitz entworfen. In merklicher Zurückhaltung gegenüber vorangegangenen und später folgenden Plänen hat er seine Vorliebe für Renaissancestrukturen mit dem klassizistischen Streben nach ebenmäßigem, von Ornamentik nicht gebrochenem Verlauf der Fassade verschmolzen. Gewiß mag ihn die ungünstige Grundstücksform des Saalbaus – ein an der Ostseite abgeschnittenes Dreieck – veranlaßt haben, sich komplizierter Baugliederung zu enthalten. Er griff bei dem dreistöckigen Bau zur Lösung regelmäßiger Fensterreihen hinter Blendarkaden, gliederte vertikal durch flache Pilaster und horizontal durch schlichte Gesimse, die am Treffpunkt mit den Pilastern verkröpft wurden. Die römische Villa Farnesina des Balthassare Peruzzi muß ihm Modell gewesen sein. Da die Junghofstraße das Grundstück durchschnitt, schuf er die Verbindung des Hauptbaus zu dem gegenüber liegenden Kammerspielsaal, indem er mit einer dreiachsigen, gewölbten Halle die Straße überbrückte und darin das Foyer unterbrachte.

Die Aufgabe, für den Kunstverein zu bauen, war entschieden einfacher, doch auch hier bestimmte die gleiche, für sein Temperament strenge Auffassung den Architekten. Das Erdgeschoß mit dem rundbogigen Aufgang in der mittleren der fünf Achsen hatte hohe, viereckige Fenster mit Giebelverdachung, zwischen ihnen kannellierte ionische Pilaster. Das Gesims darüber war ebenfalls massiv verdacht und schloß den Parterrestock unübersehbar von dem sehr kahlen Zwischenstock und der Reihe der Rundbogenfenster im Obergeschoß ab. Gewiß hatte Heinrich Burnitz mit seinen Mitteln weiter ausgeholt als am einheitlichen Saalbau, doch atmete die hellgeputzte Fläche in der oberen Zone und dem traditionellen Zahnschnitt am Kranzgesims doch noch den Geist des klassizistischen Bürgerhauses.

Am Opernhaus endlich hat das Licht, das beim Erlebnis eines monumentalen, sorgsam gesteigerten Baukörpers aufgehen kann, zum letzten Mal im Frankfurt des 19. Jahrhunderts geleuchtet. An seiner Interpretation haben sich die Geister der Nachwelt geschieden. Benno Reifenberg hat es als den Schlußstein bürgerlicher Baukunst dieser Stadt bezeichnet, das letzte Zeugnis eines reinen Baustils in der Anlagenzone, den allein Frankfurt geschaffen habe. »Hier gipfelte noch einmal im Raum der Feier das bürgerliche Wohnen Frankfurts.« (»Die Gegenwart« 17. 1. 1953.)

Man muß einen weiten Gedankensprung von den klassizistischen Häusern an der Neuen Mainzer Straße zum Opernhaus machen, liegt doch ein halbes Jahrhundert dazwischen. Die Mittel, Wege und Räume hatten sich inzwischen vergrößert und waren auch komplizierter geworden. Aus der eigenen Erfindung, auf das eigene Maß beschieden, war jetzt eine künstlerische Summe von Baugedanken geworden, die dem Abendland gemeinsames Eigentum waren.
Ehedem war der Bauherr eines bürgerlichen Palais vierspännig gefahren,

auch ohne Säulenpracht. Nun aber wollte es die ganze Stadt, angesteckt von der nationalen Emphase in einem gerade gegründeten Kaiserreich.

Man wählte aus mehreren Entwürfen den Plan des brandenburgischen Klassizismus, der in der vierten Generation fähig geblieben war, das Arsenal von der Antike bis zur Renaissance auszuschöpfen, damit eine eigene Leistung zustande käme.

1969 hat Horst Reber zum erstenmal das Opernhaus einer kunsthistorischen Analyse unterzogen und mit anderen Theaterbauten des 19. Jahrhunderts verglichen. Wenn er Lucaes Entwurf dem Plan von Heinrich Burnitz gegenüberstellt, so wird einsichtig, daß das klassizistische Vokabular beim Opernhaus doch eine neue, wesentlich andere Färbung angenommen hat.

Mit Recht kritisiert Reber an den Rissen des Frankfurters, sie seien einfach und brav gehalten; es gäbe keinen architektonischen Reichtum (gewiß war Burnitz schon des immanenten Reichtums der Maße verlustig gegangen); die glatten Flächen mit viel Fenstern hätten keine künstlerische Gestaltung zugelassen; die Vorderfront sei beliebig gewesen und hätte auch vor einem anderen Gebäude stehen können, sei also nicht aus einem unverwechselbaren Auftrag erwachsen.

Vertraut aus der Welt des Frankfurter Klassizismus ist noch Rebers Lob Lucaes, wenn er das harmonische Maßverhältnis von Höhe und Breite und der Bauglieder zueinander anspricht. Wenn er jedoch von den Baugliedern redet, die nicht übergangs- und beziehungslos aneinandergefügt seien, von der künstlerischen Gestaltung, die überzeugend aus der Funktion des Baues entwickelt sei, und schließlich von einer reichen Fassade ohne unnötige Überladungen, so muß man einsehen, daß Denkkategorien eingeführt sind, die für ursprüngliche klassizistische Bauten nicht relevant waren. So ist also dieser Musiktempel mit den zwei hintereinanderliegenden Flachgiebeln, den vorspringenden Seitenrisaliten, der Fassade und dem phasenweise Umschalen des Gebäudekerns mit funktionell bedingten Verkehrsräumen denn doch eine viel kompliziertere Natur als alle die anderen Bauten klassizistischer Zeit, von den unübersehbaren Barockelementen im Innern des Opernhauses nicht zu reden.

Die Vielfältigkeit hat dennoch zu einem in sich geschlossenen Gebäude geführt. In den Dimensionen beträchtlich größer, so daß die künstlerischen Mittel weiter ausholen mußten, in der Übereinstimmung jedoch verwandt dem klassizistischen Grundsatz von dem aus dem Nützlichen erwachsenden Schönen darf das Opernhaus als der große Abschluß einer Epoche gelten.

I

Innenstadt
und öffentliche Gebäude

Seite 104 und 105: Paulskirche

Linke Seite: Zeil 92

Rothschildbank, Fahrgasse Ecke Börnestraße

Friedberger Tor

Friedberger Tor

Roßmarkt Ecke Töpfengasse

Allerheiligen Tor

Stadtbibliothek

Seite 115: Heiliggeist-Hospital, Portal

Heiliggeist-Hospital, von den Anlagen aus

Heiliggeist-Hospital, Langestraße

HOSPITAL ZUM HEILIGEN GEIST
4

Hauptfriedhof, Einfahrt

Hauptfriedhof, Portalgebäude

Saalbau

Junghofstraße 5

Saalbau, Durchfahrt

Junghofstraße 8

DEM WAHREN SCHOENEN GUTEN

linke Seite: Opernhaus, Portal

Dpernhaus von der Anlage

Opernhaus von Osten

Neue Kräme 9, Alte Börse.
Roßmarkt um 1845. Links Haus Lutteroth, rechts der Englische Hof, beide von Salins de Montfort. (Stahlstich nach einer Zeichnung von Jakob Fürchtegott Dielmann.)

II Fischerfeld

Die neue Anlage, angefangen 1793, zwischen Lange Straße, Mainufer, Rechneigraben und Mainstraße gelegen, war die dritte Stadterweiterung und das erste Stadtviertel, das hier auf dem Reißbrett entworfen wurde: Vom Entschluß des Senats, das rund sechs Hektar große, nasse Gelände zu bebauen, über den 1792 ausgelegten Alignementsplan und die unvorhergesehen langwierige Aufschüttung, die sich bis zur Jahrhundertwende hinzog, bis zur Bebauung in den nächsten drei Jahrzehnten. Die Arbeit, allein durch Kriegsereignisse momentan aufgehalten, wickelte sich systematisch von West nach Ost ab, bedingt durch die Absicht durchgehender Straßenzeilen, die keinen Abstand zwischen den Häusern vorsah. Bis zum Jahr 1811 war der Komplex zwischen Fahrgasse, Schöne Aussicht, Mainstraße und Brückhofstraße komplett bebaut. weil man hier wegen der früher beendeten Erschließung des ehemaligen Brückhofes schon zeitig hatte anfangen können. Ferner stand in der ganzen Tiefe des Fischerfeldes die Bebauung beiderseits der Mainstraße und der benachbarten Grundstücke. Die vier parallel zum Main laufenden Straßen waren festgelegt, wobei sich eine winzige Verschiebung der Fischerfeldstraße zur Schönen Aussicht ergab, ausgelöst von dem Wunsch, das Neubaugebiet topographisch mit der Altstadt zu verbinden, indem die gedachte Fortsetzung der Fischerfeldstraße genau auf den Domturm zulief. Von der Schützenstraße war zu der Zeit, da der Architekt und Geometer Christian Friedrich Ulrich seinen ersten geometrischen Grundriß der Stadt 1811 vorlegte, noch nichts vorgesehen. 76 Häuser hat Ulrich gezeichnet, allerdings rechnete er die Brückhofstraße und den Wollgraben schon hinzu, die das Fischerfeld mit der Altstadt verbanden als einzige Schrägen in dem Koordinatensystem der neuen Straßen.

Bis zur zweiten Fassung des Ulrich-Planes 1819 hatten sich Fortschritte nur an der Schönen Aussicht mit zwei Doppelhäusern ergeben und an der Lange Straße, an der Nordostecke des Fischerfeldes, mit den ersten Baustellen. Immerhin waren die Straßenverläufe durchgehend abgesteckt, wenngleich die Schützenstraße noch nicht mit Namen genannt. Und der Geometer war gewiß im Augenblick der Drucklegung von Plan II schon nicht mehr auf dem letzten Stand der Dinge, denn gerade in diesem Jahr hat sich eine ungestüme Bautätigkeit entwickelt, die bis 1825 wohl das ganze Areal erfaßte, darunter die mächtigen Blöcke an der Schönen Aussicht schon vor der Einweihung der Stadtbibliothek.

Plan III vom Jahr 1832 zeigt das Stadtviertel denn auch bis auf drei kleine Grundstücke im Nordostteil komplett besiedelt.

Wenn es heißt, der Stadtteil sei nach einem genau vorgeschriebenen Entwurf errichtet worden, so ist das nicht im Sinn heutiger, fast alle Lebensbereiche einbeziehender Städteplanung zu verstehen. Denn es hat sich beim Fischerfeld um ein reines Wohngebiet gehandelt. Es gab in diesen neuen Straßen kein Restaurant, keinen Handwerksbetrieb, keine ärztliche Praxis, keine Kirche, keine Schule und keine Versammlungsstätte. (Der gleiche Grundsatz wurde dann auch bei der Bebauung der Wallstraßen befolgt.) In den Verkaufsbedingungen für die Grundstücke schon im Planungsjahr 1792 heißt es im 2. Abschnitt, »daß auf der Schönen Aussicht keine Bauplätze für feuer- oder getösmachende Handwerker abgegeben werden«, und beim Verkauf von Terrain 1806 wurde ausdrücklich erinnert, die Besitzer dürften keine Aushängeschilder an ihren Häusern anbringen. Allein Weinhändler konnten hier mit der Zeit ein Gewerbe etablieren, weil sich die über drei Meter hohen Keller an der Schönen Aussicht und die geräumigen Innenhöfe an der Rückseite geradezu dafür anboten.

Diese Garantie völliger Ruhe vor dem Lärm von Dienstleistungsbetrieben jeder Art war ein probates Mittel von Senat und Bauamt, das Fischerfeld als modernstes Wohnviertel anziehend zu machen und ihm von vornherein einen anspruchsvollen Rang zu verschaffen. Die Versicherung konnte um so leichter gegeben werden, weil Leben und Wohnen dennoch nicht unter unzumutbare

Beschwernisse gestellt wurden: Gingen die Bewohner des Fischerfelds nur ein paar Schritte nach Westen, kamen sie zur Fahrgasse und fanden in dieser Hauptgeschäftsstraße und den angrenzenden Altstadtgassen alles, was sie brauchten.

Und die Bewohner der Schönen Aussicht haben auf ihre Rechte gepocht, wenn einmal Gefahr drohte, aus der Ruhe gerissen zu werden. 1825 beschwerte sich der Handelsmann Dominicus Behrends, Schöne Aussicht 12, beim Senat wegen des Lagerns und Feilhaltens von Waren durch fahrende Leute während der Messezeiten an der Schönen Aussicht und der damit verbundenen Störungen. »In der Tat eine völlige Verunstaltung der schönsten Straße hiesiger Stadt, welche sowohl gegen ähnliche Anstalten in anderen Städten und Handelsplätzen auf das grellste absticht, als auch mit den bestehenden Verträgen in schnurstrackem Widerspruch steht«. Und Behrends fügt noch hinzu, es sei auch politisch falsch, weil einige königliche Gesandte hier wohnten. Daß sich der Baubeginn für das Heilig-Geist-Hospital um Jahre verzögerte, lag ebenfalls am Einspruch der Fischerfeldbewohner, denn sogar ein Krankenhaus an der Lange Straße war ihnen zuwider.

Das Frankfurter Adreßbuch des Jahres 1834 erlaubt es, das früheste Bild von der Einwohnerschaft zu entwerfen. Es zeigt, daß sowohl Ein- als Mehrfamilienhäuser disponiert worden waren, wobei sie in der Größe durchaus nicht differieren mußten. Die westliche Zeile der Schönen Aussicht beispielsweise, zwischen Fahrgasse und Mainstraße, weist eklatante Kontraste auf. Das große Doppelhaus Nr. 17 und 18 gab 1834 Wohnung: dem amerikanischen Konsul Ernst Schwendler, dem Advokaten Dr. A. Stein, den Senatoren Dr. J. P. Usener, C. F. Ihm und P. C. Diel, drei Kaufleuten, einem Sekretär und einer alleinstehenden Frau. Nebenan in Nr. 16 – Schopenhauer verbrachte später seine beiden letzten Lebensjahre darin – saß allein der Bankier Wolf Zacharias Wertheimber, dazu als Mieter der Gesandte Dr. C. Sieveking. Und das ebenso große Eckhaus zur Mainstraße, Nr. 12, bewohnten die Brüder Behrends gar allein.

Kaufleute, Makler, Bankiers und Diplomaten waren an der Schönen Aussicht in der Überzahl, und der Maler Friedrich Wilhelm Delkeskamp in Nr. 8 mußte geradezu als krasser Außenseiter gelten.

Bemerkenswert ist der starke Anteil der Frankfurter jüdischen Glaubens im Fischerfeld. Waren sie an der Schönen Aussicht zwar in der Minderzahl, so übertrafen sie doch in der Brückhofstraße mit 49 Familien die 30 christlichen Nachbarn, und besonders die Fischerfeldstraße, wie auch Wollgraben und Rechneigasse, waren ein bevorzugtes Wohngebiet für die ehedem im Ghetto der Judengasse lebenden Bürger: 42 jüdische Haushalte neben 14 christlichen. Die Familienvorstände gingen zumeist Geschäften nach, besonders dem Handel mit Geld und Wertpapieren; jedoch waren sie die Bankiers und Wechselmakler mit mittlerem Umsatz. Die Großen, etwa die Teilhaber des Bankhauses Rothschild, hatten sich zu dieser Zeit schon an die Neue Mainzer Straße verzogen. Jedenfalls muß die Bebauung des Fischerfeldes eine Offenbarung für die Frankfurter Juden gewesen sein, nachdem sie von dem liberalen Regime Carl von Dalbergs endlich die Erlaubnis erhalten hatten, die enge Judengasse und ihre kleinen, dunklen Häuser gegen bessere Behausungen tauschen zu dürfen; wohnen zu können wie die anderen Bürger der Stadt, und zugleich in den modernsten, zivilisatorisch auf den neuesten Stand gebrachten Häusern.

Auf den neuesten Stand war am Fischerfeld auch die Aufteilung der Grundstücke gebracht. Offenbar hatte der Gleichheitsgrundsatz der Französischen Revolution in den Köpfen der Frankfurter ein Licht angezündet, denn es wurde verfügt, die Parzellen an der Schönen Aussicht müßten die gleiche Größe haben. Gewiß kam das auch den klassizistischen Bauprinzipien sehr nahe, denn es gewährte von vornherein regelmäßige Zeilen und Symmetrie. In den Verkaufsbedingungen von 1806 wurde gestattet, daß zwei Häuser auf einem Grundstück errichtet werden dürften, wenn beide äußerlich wie eines aussähen.

Im Prinzip ist die Regelung eingehalten worden. Die Ausnahmen hat ausgerechnet der Bauamtsvorsteher Heß selbst geliefert in Absprache mit Bauherren, die gleicher sein wollten als gleich. Fried Lübbecke ist der Vorgeschichte der

Schönen Aussicht Nr. 16 nachgegangen und fand heraus, daß dem Bankier Zacharias Wertheimber das Grundstück zu klein war und er also zwei nebeneinander erwarb in der Hoffnung, der Stadtbaumeister, der zugleich sein Architekt war, werde ihm erlauben, anderthalb Parzellen zu bebauen. Georg Heß willfahrte, und so kam die Nr. 16 mit einer Fassadenbreite von 35 Metern zustande, worauf die Nr. 15 sich mit dem schmalen Reststreifen von 8 Metern begnügen mußte.

Überhaupt hat die Spekulation des Baugewerbes am Fischerfeld ungeahnte Blüten getrieben, nicht nur bei Heß, der sich als Beamter nur unter der Hand in Absprache mit Kollegen beteiligen konnte. Die Grundbücher des zweiten und dritten Jahrzehnts weisen Dutzende von Besitzerwechseln aus, auf deren einer Seite immer ein Meister der Maurer- oder Zimmererzunft stand. Sie verschafften sich Bauplätze, stellten ein Haus darauf und verkauften es sogleich mit großem Gewinn, da sie Unternehmer und Ausführende zugleich waren. Man liest die Namen der Maurermeister Johann Wilhelm Kayser, Johann Daniel Kayser, Wilhelm Maximilian Schury, Carl Friedrich Mack, Johann Heinrich Bell und die der Zimmermeister Johann David Heimpel, Johann Carl Hildebrand und Caspar Conrad Weigenand. Sogar ein Zimmergeselle, Johann Philipp Preiß, hat sich fleißig an dem lukrativen Geschäft mit Platzkäufen und Hausverkäufen beteiligt. Oder sollte er nur Strohmann eines Architekten gewesen sein?

Da die Maurermeister die Bauleitung in der Hand hatten und nach dem Heß-Modell bauten, ist es im Fischerfeld besonders schwierig, den planlegenden Architekten zu identifizieren. Die Maurermeister Mack, Kayser, Heimpel und Bell hatten schon in den neunziger Jahren die Entwürfe von Salins zwecks Vorlage beim Bauamt gezeichnet und auf den Weg gebracht, da der Franzose, der deutschen Sprache weniger mächtig als sein Landsmann Pigage, die bürokratischen Mühen gern den deutschen Handwerkern überließ. Deshalb lassen sich die manchmal schon urkundlich verunklärte Urheberschaft und die Frage, ob der Zeichner auch der Entwerfer war, nur schwer klären. Es ist bekannt, daß die

Maurersippe Mack das mehrbändige Architekturkompendium de Neufforges besaß und sich seiner bediente; die Söhne haben teilweise an Bauakademien studiert. Es muß also angenommen werden, daß sie sehr wohl als projektierende Baumeister gewirkt haben, wenngleich sie nicht in die Reihe der originellen Köpfe durchgestoßen sind. So wird man sich also mit der pauschalen Zuschreibung begnügen müssen, daß die westliche Hälfte des Fischerfelds unter der direkten oder indirekten Ägide von Georg Heß entstanden ist, die östliche unter der seines Sohnes Friedrich. Die anderen namhaften Architekten der Zeit sind in dieser Gegend nicht zu identifizieren. Der größte Teil der Häuser wird also von der zweiten Garnitur – Mack, Kayser und Bell – nach dem Schema entworfen worden sein. Das Schema aber war gut, denn bis zum Bombardement des Jahres 1944 hat das Fischerfeld keinerlei bauliche Verfälschungen oder Veränderungen des Gesamtbildes erdulden müssen.

Die dreißig Jahre Entwicklung sind natürlich auch Spiegel von stilistischen Veränderungen gewesen. Im Westen des Geländes, auf dem Brückhofareal, dominiert das Louis-Seize der neunziger Jahre. Man hat die Hand von Salins entdecken wollen, doch hat sich später beim Vergleich mit seinem gesicherten Oeuvre herausgestellt, daß diese Häuser, beispielsweise Brückhofstraße 2–4, so wortwörtlich aus Neufforges Vorlagewerk entnommen waren, wie es ein selbständiger Geist wie Salins niemals getan hätte. Die typischen Girlanden in den Wandblenden zwischen dem ersten und zweiten Obergeschoß sowie die kräftigen Pilaster sind in dieser unverblümten Ausführung bei Salins nicht denkbar. Das Eckhaus Brückhofstraße-Fahrgasse, fast identisch mit dem größeren Haus an der Ecke Schöne Aussicht-Fahrgasse, steht ebenfalls in der ersten Bauphase des Fischerfeldes und präsentiert den Typ des schmucklosen, allein durch Gesimse horizontal gegliederten Hauses mit drei Stockwerken und einem Attikageschoß, eine Ausprägung, die sich dann über das ganze Areal fortpflanzte. Je nach Vermögen und Wunsch der Bauherren kam über die einfache Rahmung der Fenster eine schlichte Verdachung. Nur die Wohlhabendsten leisteten sich ornamentale

Zutaten wie Zahnfries am unteren Gesims, Rundbogenfenster im Erdgeschoß, Konsolen und einen repräsentablen Eingang.

Als Paradestück ist wieder das Schopenhauerhaus, Schöne Aussicht Nr. 16, zu nennen, von Georg Heß selbst für den Guldenmillionär Wertheimber entworfen als ein modernes Frankfurter Patrizierhaus nach dem Modell städtischer Adelspaläste aus Frankreich: als Elfachser mit einer Vorhalle hinter einer Bogenstellung aus dorischen Säulen und darüber der Vertikalbetonung durch pilastergegliederte, dreiachsige Balkone und einem ebenfalls dreiachsigen Dachausbau. Das Treppenhaus allein war größenmäßig ein Haus für sich. In zwei Metern Breite schwang sich die Treppe in der Mittelachse von Podest zu Podest, von denen jedes auf vier Säulen ruhte. Zur Mainseite hin lagen in jedem Stockwerk fünf durchgehende Räume in den französischen Maßen 9 × 6 m, 6 × 6 m und 6 × 8 m. Der Korridor war 20 m lang und 2 ½ m breit. Die Schlaf- und Wirtschaftsräume führten auf den Innenhof an der Nordseite.

Der Kostenvoranschlag für dieses aufwendigste der Fischerfeldhäuser ist bekannt. Er belief sich auf 180 000 Gulden. Gewiß hat Georg Heß damit besonderen Staat gemacht und ist in Ausstattung sowie Proportionen weit über das bürgerliche Maß hinausgegangen. Fast anderthalb Jahrhunderte des Wohnens in großzügig harmonischen Maßen aber haben hinterdrein bestätigt, daß er für die Zukunft proportionierte, denn in solchen, den Geist befreienden Räumen hat sich Geistigkeit entfaltet.

II

Fischerfeld

Obelisk, Brückhofstraße

Brückhofstraße 22 Ecke Fahrgasse

Brückhofstraße 2–4

Schöne Aussicht Ecke Fahrgasse

WINZER·KE

linke Seite: Fischerfeldstraße nach Westen

Fischerfeldstraße 18

Schöne Aussicht nach Westen

Schöne Aussicht 16

Schöne Aussicht 6

Hinter der Schönen Aussicht

Heiliggeist-Hospital. (Nach einer Zeichnung von Friedrich Rumpf.)
Ansicht vom Mühlberg aus. Rechts die weiße Zeile der Schönen Aussicht. (Stahlstich nach einer Zeichnung von Jakob Fürchtegott Dielmann.)

III Wallstraßen

Man ist in Frankfurt seinerzeit nicht gern über größere Distanzen in der Stadt umgezogen. Der Sprung war gewöhnlich von einer Unterkunft zur anderen nicht allzu weit. Ist das der Grund, daß die westlichen Wallgrundstücke großzügiger und auch spontaner bebaut worden sind als die östlichen? Lagen doch schließlich die Große Gallusstraße, »Millionärsgaß« genannt, Hauptwache und Große Eschenheimer Straße gerade um die Ecke, und wohnten dort die finanziell gut gepolsterten Bürger, während die Nachbarschaft der östlichen Wallstraßen eher zu den dunklen Zonen der Stadt gehörte! Außerdem hatte dort die Besiedlung des Fischerfelds schon eine beträchtliche Lücke des Wohnbedarfs gefüllt. Jedenfalls ist es an der Neuen Mainzer Straße eher losgegangen mit dem Bau von Bürgerhäusern im klassizistischen Stil als in der Lange Straße. Sie wurden dort auch von vornherein großzügiger angelegt, während man im Ostend sich bescheidener, ja, kleinbürgerlicher gab. Schon um 1810, als die Regionen erschlossen waren, begannen die Maurer- und Zimmerleute vor dem Gallus- und dem Mainzer Tor mit der Arbeit, und am Allerheiligentor dröhnte allein vom Fischerfeld her der Baulärm über jungfräuliches Terrain. Bürger aus der nahen Judengasse waren noch am ehesten interessiert, sich dort rasch eine eigene Bleibe zu schaffen, nachdem das Regime Dalberg ihnen 1811 die Erlaubnis gegeben hatte, aus dem Ghetto zu ziehen. Aber die Rothschilds beispielsweise gingen lieber an die Zeil und die Neue Mainzer Straße. Da half nichts, daß man den Anlagenteil um den Rechneiweiher zur besonders schönen Landschaft ausbaute und Simon Moritz von Bethmann die Promenade am Friedberger Tor durch seinen Musentempel und darin die Danneckersche Ariadne auf dem Panther attraktiv machte. Auch der Entschluß, die Stadtbibliothek an das Obermaintor zu legen, konnte die Hoffnung nur verlängern, aber nicht erfüllen, daß sich die Stadt eher nach Osten hin entwickeln werde.

Auch die Architekten gaben dem Halbkreis zwischen Untermain- und Eschenheimer Tor den Vorzug. So dürften Neue Mainzer und Hochstraße zum überwiegenden Teil von Friedrich Heß, Rumpf und Hoffmann (mit einigen Beiträgen von Salins, Rudolf Burnitz und dem Zimmermeister Heimpel) gebaut worden sein, während man von ihnen an Lange und Seilerstraße keine Spur entdeckt. Dort haben sich eher die handwerklich orientierten Baumeister – vor allem die Maurer-Sippe Brofft – engagiert. An der dazwischenliegenden Bleichstraße, erst in den dreißiger Jahren mit Macht angegangen, wurde Rumpf tätig, während Friedrich Heß in der gleichen Periode den Eingang der Hochstraße am Eschenheimer Tor noch bebaute. Weil die Gartengrundstücke im Westen anfangs teilweise mit kleinen Pavillons versehen wurden und später dann die rationelle Ausnutzung wuchs, ist es dort bereits zu Abbruch und Neubau gekommen, als man im Osten und Nordosten noch Erstbesiedelung betrieb. Auch die Hochstraße hat schon in den zwanziger Jahren Um- und Weiterbauaktionen erlebt. Die zweimalige Unterteilung und Aufsplitterung der ursprünglichen Grundstücksnummern deuten auf häufigen Besitzerwechsel und die damit verbundenen baulichen Veränderungen.

Es läßt sich das Fazit daraus ziehen, daß die Architektur der Wallstraßen auf die Zeit zwischen 1810 und 1845 zu datieren ist. Sie entspricht voll und ganz dem in Frankfurt entwickelten neuen Typ des bürgerlichen Wohnhauses, der die ornamentierenden Elemente auf ein Minimum reduziert und sich allein auf den ausgewogenen Zusammenklang der Proportionen verläßt. Gesims und Fugen- sowie Zahnschnitt unterstützten die Horizontale; Fensterverdachung wird zunächst nur als Akzentuierung bestimmter Achsen benutzt; ihr Gebrauch wird um 1830 häufiger. Um die gleiche Zeit nutzt man auch rundbogige Fenster öfter, wenn die Gebäude an Umfang zunehmen. In den dreißiger Jahren auch kommt das bekannteste aller klassischen Ornamente, das Mäandermuster, in Gebrauch, allerdings weniger bei den erstrangigen Architekten, die bisher dieses Allerweltsmotiv der klassischen Allgemeinbildung konsequent vermieden hatten. Es ist typisch, daß es in der Bleich- und Seilerstraße zu finden ist, wo die Handwerker mit fortgeschrittener Ausbildung tätig waren.

Wie in der »Neuen Anlage« am Fischerfeld haben auch die Wallstraßen keine Gewerbebetriebe aufnehmen dürfen. Mit den Jahren zogen einige Ärzte in Hoch- und Lange Straße, und zwei Standardberufe des Frankfurter Wirtschaftslebens – Wein- und Wechselhändler – nahmen im damaligen Ostend sogar überhand, während es in der Neuen Mainzer Straße allein drei große Bankiers mit ihren Büros gab: Mülhens (später Jourdan de Rouville) sowie Metzler und Grunelius, diese in unmittelbarer Nachbarschaft der Großen Gallusgasse.

III

Wallstraßen

linke Seite oben: Neue Mainzer Straße 44

linke Seite unten: Neue Mainzer Straße 44, Hof

Neue Mainzer Straße 53

Neue Mainzer Straße 53, Wanddetail

Durchbruch Hochstraße

Hochstraße 16–18

Hochstraße von Osten

G. Birkenstock
HERREN u. DAMEN
Schneiderei

linke Seite: Bleichstraße 70–72, Gartenfront

Bleichstraße 31

Bleichstraße 70–72

Bleichstraße 56 und 54

SANITÄRE
GROSSHANDLUNG
F. H. SABEL
23

Tierschutz
SCHILDER
MALEREI
J. BECKER

Seite 154: Bleichstraße 23

Seite 155: Bleichstraße, östlicher Eingang

Seilerstraße, Sackgasse

Seilerstraße, Bethmann-Museum

Langestraße 26

Langestraße 13

Langestraße 35

Große Eschenheimer Straße 74, Haus Mühlens, (Zeichnung von Salins de Montfort).
Neue Mainzer Straße, von Süden.

IV Anlagenring

Aus den Auen, der Obermain-, Untermain-, Gallus-, Taunus-, der Bockenheimer, Eschenheimer und Friedberger-Aue, wurden 1846 die gleichnamigen Anlagen. Der Namenswechsel deutet auf die Urbanisierung einer bisher gärtnerischen Idylle. Sie münzte das Sommerlager einiger begüteter Bürger in eine Region ganzjährigen Wohnens um. Bis in die vierziger Jahre haben die Frankfurter nur zögernd den Sprung über den grünen Reifen gemacht und sich außerhalb der entschwundenen Mauern fest angesiedelt, denn er bedeutete immerhin ein Aufgeben der vermeintlichen Sicherheit, die von dem behäbigen Stadtgebiet tags und nachts gewährt wurde; es bedeutete außerdem, daß man auch, bildlich gesprochen, im Frühling, Herbst und Winter in Sommerkleidern einhergehe.

Nirgendwo weiter als zehn Fußminuten von der Mitte entfernt, war die Außenzone der Anlagen halt doch nicht mehr Stadt im eigentlichen Sinn, sondern ländliches Revier, von Gartenbaubetrieben geprägt, und vereinzelten Sommerhäusern der Reichen (Leonhardi, Fellner, Grunelius unter anderen), die wie kostbare weiße Blüten auf einen grünen Kranz gesteckt wirkten.

Das Gartenhaus Leonhardi an der Bockenheimer Anlage kaufte 1835 der Handelsmann Wilhelm Friedrich Jäger, wohnhaft in der Bleichstraße; und die Eigner Jacob von Hirsch, Dr. Georg L. Kriegk, Hermann Jacob Georg Mumm und Dr. Conrad August Tabor, die 1844 an den Anlagen bauten, waren drei Jahre zuvor ebenfalls noch an den Wallstraßen ansässig gewesen: das heißt also, der kurze Sprung über die Anlagen kostete hier weniger Überwindung als von der Innenstadt aus. Das psychologische Moment findet in der Architektur seine Parallele, denn man nahm den klassizistischen Stil der Wallzone mit an die Ringstraßen noch in einer Zeit, da schon kräftig historisierende Elemente eingedrungen waren besonders im Außengebiet, wo das Bauamt die Paragraphen des Statuts großzügiger auszulegen bereit war.

Die Bedingung galt auch hier, keinen gewerblichen Betrieb zu unterhalten. Es wurde nur gewohnt. Im Gegensatz zu den Wallstraßen aber mußte der Häuserabstand eingehalten werden, zu einer geschlossenen Zeile ist es an den »Promenadenchausseen« nicht gekommen. Das Bauwichgesetz vom 1. 4. 1851 legte fest, es müsse zwischen den Häusern eine Distanz von 9 Fuß, 4 ½ Zoll eingehalten werden.

Man baute klare kubische Blöcke, hellgestrichen unter Schieferdach, vom Garten an drei Seiten umgeben, ohne Freifläche nach der Straße zu, so daß Straßen- und Baufluchtlinie in eins fielen wie am Wall; vier bis sechs Achsen und zwei bis drei Etagen. Denkbar ungekünstelt waren die Fassaden gehalten. Simse gliederten horizontal, Quaderung belebte bisweilen das Erdgeschoß, selten saß ein Balkon an der Vorderfront, dafür um so öfter nach dem Garten zu, die Fenster waren schlicht gerahmt und manchmal verdacht.

Wie lange sich die Bautradition Klassizismus an einer Promenadenstraße halten konnte, wird am Haus Eschenheimer Anlage 34 klar. Es hat noch die großzügige Klarheit der Empire-Gliederung an Gesims, Verdachung der Fenster und Konsolen, ebenso den Fugenschnitt an der Erdgeschoßwand, das Kranzgesims mit Zahnschnitt und das hinter der Attika zurücktretende Dach, und ist dennoch erst, wie das Adreßbuch ausweist, im Jahr 1880 gebaut worden, schon tief in der wilhelminischen Epoche.

Vorher freilich hatten sich auch an den Anlagen schon andere Einflüsse bemerkbar gemacht. Das Haus Taunusanlage 15, um 1850 gebaut, ist der Typ der freistehenden Villa in drei Geschossen und fünf Achsen, wobei die drei mittleren in einem Risalit zusammengefaßt und im ersten Obergeschoß durch Rundbogenfenster gekoppelt waren. An besonderen Schauwerten bot die Fassade nur noch das ornamentierte Gesims über dem Erdgeschoß, unterschied sich sonst aber keineswegs von dem klassizistischen Kanon.

Eine Sonderheit hingegen ist die Villa Bockenheimer Anlage 4, die sich der Maler Moritz von Schwind baute. Ursprünglich ein Haus »von mäßiger

Größe«, zwei Geschosse mit Attikaaufsatz und vier Achsen, später um zwei Achsen erweitert, – hat es literarische Romantik und Münchner Stil an den Frankfurter Ring gebracht. Die Außenachsen wurden als Zwillingsfenster ausgebildet, von Säulchen flankiert, mit Segmentabschluß in eine Wandblende eingelassen, die sie in der gleichen Bogenform noch einmal überspannt. Die beiden Innenachsen waren im Obergeschoß durch Segmentbogen und einen konsolgetragenen Balkon zusammengefaßt, im Erdgeschoß öffneten sie sich zu einer Terrasse mit zweiflügeligem Abgang zum Garten hin. Unter den Zwillingsfenstern aber saßen Relieftafeln, die nackte Knaben auf Hirschen im Gehölz reitend darstellen, unverkennbar nach Schwinds Holzschnitten altdeutscher Märchenszenen gearbeitet.

Die Renaissance Münchner Provenienz, wie sie sich an Schwinds Fensterformen schon verriet und in den fünfziger Jahren dann zunehmend Einzug auch in Frankfurt hielt, hat an der Promenadenchaussee sich ausgewirkt, als der Spazierweg der Frankfurter in dem belebten Teil zwischen Eschenheimer und Bockenheimer Tor zunehmend durch mehrstöckige Mietshäuser verfremdet wurde. So wird die Leerbachstraße rechterhand von einem Eckhaus eröffnet, dessen reiche Sandsteingliederung von Fensterwänden, Balkonen und Pilastern auf den allgemeinen Geschmack der sechziger Jahre weist; das Eckhaus am Trutz hat luftig gemauerte Segmentbögen über den Fenstern als einzigen Akzent an der simsgegliederten Fassade – eine Maßnahme der noch zaghaften Zeit der frühen fünfziger Jahre. Beide aber treten trotz des immer mehr von der klassizistischen Zeit abrückenden Bautermins noch immer beherzt in die Spuren der Vätergeneration und vermeiden die Verlockung, nach zwei Straßenfronten hin sich zu brüsten.

Ein Unikum muß in der maurischen Villa auf der Eschenheimer Anlage 28, Ecke Blumenstraße, gesehen werden. Ums Jahr 1860 gebaut, ist sie eines der nicht nur in der Ornamentik ausgeformten Beispiele für die Wirkung, die Maximilian Hessemers zweibändiges Werk »Arabische und altitalienische Bauverzierungen« (1836 und 1853) ausgeübt hat. Waren seit den vierziger Jahren allein in Fensterumrahmungen, Gesimsen, Friesen und Füllungen die Mustervorlagen des Städelprofessors übernommen worden, so hat man hier die ins Orientalische ausgewichene Romantik im ganzen Baukörper ausgedrückt mit verschiedenen Fensteröffnungen in Kleeblatt-, Eselsrücken-, Dreiviertelbogenabschluß; sogar sternförmige, achteckige Lichtdurchlässe, wiederholt in den Zinnen des weit vorgeschobenen Mittelrisalits, kommen vor. Filigrane Balkongeländer, arabeske Ornamente und Dreiviertelsäulen an den Ecken, verkröpfte Simse geben dem ganz in die Vertikale gerichteten Haus ein bizarres Gepräge, das die Harmonie der Promenadenhäuser als Kontrast um so deutlicher spiegelt.

IV

Anlagenring

Im Trutz Frankfurt

Seite 164: Im Trutz 1

Seite 165: Taunusanlage 15

Leerbachstraße Ecke Bockenheimer Anlage

Linke Seite: Bockenheimer Anlage 4

Bockenheimer Anlage 4, Ausschnitt

linke Seite: Eschenheimer Anlage 10

Eschenheimer Anlage 15

Eschenheimer Anlage 34

Eschenheimer Anlage 22

rechte Seite: Eschenheimer Anlage 28

Friedberger Anlage 17

Taunus Tor, Detail

Taunus Tor

Hofstraße 4

Hofstraße, Gartenhaus

Friedberger Landstraße 10, Ariadneum

Bockenheimer Anlage 4, Schwinds Haus.
Stahlstich nach einem Aquarell im Skizzenbuch von Moritz von Schwind.

V Bockenheimer Landstraße

In einer Stadtbeschreibung des Jahres 1877 heißt es: »Vor dem Bockenheimer Tore führt eine sehr gute, eine Strecke Weges zum Teil mit hohen, prächtig schattigen, wilden Kastanienbäumen, Linden und Akazien bepflanzte Chaussee zu dem nur eine Stunde entlegenen Kurfürstlich-Hessischen Orte Bockenheim«. Die Strecke Weges muß offenbar frühzeitig schmückende Beiworte herausgefordert haben und auch ihre Nutzung zum Wohnen. 1792 waren zwar – laut Döring – öfters Gartenhäuser vor der Stadt zu mieten gesucht, aber noch wenig vorhanden. Hüsgen jedoch nennt schon zehn Jahre später als »getreuer Wegweiser« deren zehn vor dem Bockenheimer Tor als besonders erwähnenswert; unter den Besitzern waren Zahn, Leers, Gontard, v. Malapert und v. Günderrode. In der Neuauflage 1818 fügt er Rothschild hinzu, den inzwischen zum Garteninhaber an der Bockenheimer Chaussee Avancierten. Nicht alle haben hier aber ihren ganzjährigen Wohnsitz gehabt wie Bernhard A. Andreae, der dreißig Jahre lang von 1811 an eine Villa, der Berna-Brentanoschen von Friedrich Heß ähnlich, schräg der Gontardschen gegenüber bewohnte zu einer Zeit, als die Nachbarn nur in der warmen Jahreszeit ihre Stadthäuser verließen, um hier in bukolischer Stille den Sommer zu verbringen. Noch 1834 waren an der Straße nur zehn Bürger ansässig, 1841 fast vierzig, allerdings auch die in den Seitenwegen wohnenden mitgezählt.

Erst nach der Jahrhundertmitte macht sich mit der allgemeinen Ausdehnung der Stadt die Gewohnheit breit, an der jetzt Landstraße genannten Chaussee das ständige Domizil aufzuschlagen; und erst dann baut man auch so, daß vielleicht noch eine oder zwei Parteien mietweise mitwohnen können. Wie hoch die Grundstückspreise schnellen, ist an dem Tausch abzulesen, den das Städelsche Kunstinstitut und der Zoologische Garten in den siebziger Jahren machten, als sie Eigentum an der Bockenheimer Landstraße verkauften und mit dem Erlös an anderen Enden der Stadt voluminöse Bauten errichteten.

Mindestens sieben Jahrzehnte haben an der Bockenheimer Landstraße von Osten nach Westen gebaut, bis sie an Charakter verlor. Sie begannen mit dem Spiegel großer Architektur des Empire und endeten mit der inneren Verarmung bei wachsendem äußeren Reichtum im Kaiserreich. Der Verlust der Harmonie ist mit dem Wechsel des Wohnmotivs verknüpft, indem aus der Sommerfrische auch Winteraufenthalt wurde und dem Saisonalen die Singularität abhanden kam, der Alltag das Besondere ablöste. Zwar behielt zunächst die Wohnzeile noch die Ruhe der Gartenlandschaft, als aus Residenzen bürgerliche Villen wurden, aber die Einbuße an künstlerischer Einheit führte schließlich doch nur zu künstlichen Paradiesen.

Künstlerische Einheit: das war Salins' Landhaus Gontard, 1799 für Friedrich Jacob Gontard (den Vetter des gleichnamigen Brotherren Hölderlins) gebaut. Trotz mannigfacher Anbauten hat es bis zu seiner Zerstörung im Zweiten Weltkrieg den idealen Charakter bewahrt. »Mit dem attischen Gleichmaß seiner Proportionen, dem Verhältnis von Leere und Fülle, den plastischen Reliefs an der Außenwand vermittelte es den vollkommenen Genuß«, meint Pierre Colombier (a. a. O. S. 219).

Die Graecomanie der Zeit hatte in Frankfurt, von Frankreich vermittelt, ihren ersten Ausdruck gefunden. Freilich kann die reichsstädtische Diotima, Susette Gontard, hier kaum mehr ihre Sehnsucht nach Idealität gestillt haben, denn sie starb 1802, und da war das Haus des Vetters im Innern wahrscheinlich erst gerade fertig ausgestattet. Die zweieinhalb Geschosse in einem langen Rechteck des Achsenverhältnisses 7:4, die drei Mittelachsen der Vorderfront vorgesetzt und mit einer Vorhalle auf vier ionischen Säulen akzentuiert, in gleicher Größe von einem oval vortretenden Mittelbau an der dem Garten zugewandten Rückseite beantwortet, von drei kräftigen skulptierten Simsen horizontal gefaßt, ist das Haus die bürgerlich Frankfurter Entsprechung von zeitgenössischen imperialen Bauten der französischen Hauptstadt geworden.

Anderen Zuschnitts und nicht im ersten großen Wurf hingesetzt war das

Palais Rothschild und doch nicht minder eindrucksvoll für das neue Bild der Stadt. Über die ursprüngliche Gestalt des Gartenhauses der Familie v. Riese, das 1811 gestanden haben muß und 1816 mit Genehmigung des Senats in den Besitz von Amschel Meyer von Rothschild überging, läßt sich kein Bild machen; nur so viel ist mit Bestimmtheit zu sagen, daß es grundrißmäßig dem Mitteltrakt des späteren Palais entsprach. Friedrich Rumpf hat die zwei Seitenflügel nach 1829 angefügt und ein Meisterstück der schöpferischen Anpassung geliefert, denn die Erdgeschoßzone beließ er einheitlich, faßte aber mit den rundbogigen Fenstern des 1. Stocks die herrisch kantigen, giebelgekrönten Durchlässe des Mittelteils ein, so daß eine elffenstrige Reihe nicht ins Klirren geraten konnte, und bekrönte die beiden dreiachsigen Seitenflügel mit der gleichen steinernen Balustrade wie den um ein Geschoß höheren Mitteltrakt. Die Architekten Richard Dielmann und Franz von Hoven, die im letzten Drittel des Jahrhunderts das Palais abermals mit einem zentralen Nordbau und Seitenflügeln vergrößerten, paßten sich dem Rumpfschen Duktus ebenfalls an, so daß keine Nahtstellen auftraten.

Wie sehr Rumpfs Lösung funktionierte, ist an der Hinterfront des Hauses Nr. 18 abzulesen, wo es nicht gelang, mit dem überdimensionierten Rundbogen anderthalb Geschosse zentral zu verspannen, denn die weiße, ausgesparte Fläche zu den Seitenachsen behält das peinliche Gefühl einer nicht bewältigten Begegnung von Kreis und Ecken. Es ist zu vermuten, daß die ursprünglich intakte klassizistische Fassade später durch den Anbau des säulengetragenen Balkons und in seinem Gefolge der Bogenblende unschuldig in Mitleidenschaft gezogen worden ist.

Schon um das Jahr 1840 hat sich eine zunehmende Detailparzellierung der großen Grundstucke an der Bockenheimer Chaussee bemerkbar gemacht. Aus großen Einmanngärten wurden mehrere Ein- bis Mehrfamilienhäuser; kleine, ländlich anmutende Bauten von Bewohnern minderer wirtschaftlicher Kraft wurden abgerissen oder aufgestockt und dann der Nutzung potenterer Käufer oder Mieter überlassen. Das Gesicht der Straße änderte sich also im Sinne eines Zusammenspiels von alter Sicherheit (Haus Nr. 120) und neuer, nicht minder selbstbewußter Schaustellung materieller, kunsthandwerklicher Nachhilfe (Haus Nr. 104): Situationen, die sich im gleichen Augenblick – in diesem Falle 1866 – ereignen konnten.

V

Bockenheimer Landstraße

Bockenheimer Landstraße 10, Rothschild-Palais, Gartenseite

Rothschild-Palais, Straßenseite

Bockenheimer Landstraße 18

Bockenheimer Landstraße 20

Bockenheimer Landstraße 20

Bockenheimer Landstraße 42

Bockenheimer Landstraße 42, Detail

rechte Seite: Bockenheimer Landstraße 42, Gartenfront

Seite 190: Bockenheimer Landstraße 96

Seite 191: Bockenheimer Landstraße 120

Palmengartenstraße 10-14

rechte Seite: Bockenheimer Landstraße 106

Bockenheimer Landstraße, Villa Berna-Brentano.
Stadtmünze, Münzgasse 20.

Garten auch ist das nach Norden sanft ansteigende Revier von der Chaussee nach Mainz bis zum Gaylsweg (Grüneburgweg), vom Bockenheimer Tor bis zur Bockenheimer Landwehr gewesen, von der gleichnamigen Chaussee in zwei Hälften getrennt. Die große Stunde des Westends wurde in den fünfziger Jahren eingeläutet, als man Gartenwege pflasterte und die wenigen Gutshöfe um die Kettenhofwiesen auflöste, um Bauparzellen daraus zu gewinnen; als man Durchbrüche vornahm und Baukonsortien spekulativ Gelände an sich brachten. Die ersten Ansätze haben sich im Jahr der Umbenennung, 1846, an dem Terrain nahe den Anlagen gezeigt mit der Taufe des Kettenhofwegs, der Niedenau, der Oberlindau, des Zimmerwegs, der Taunusstraße und der Wiesenau.

1855 ging es noch vielfach um die Verkehrswege. So beklagten die »Frankfurter Nachrichten« am 11. März: »Der schöne Weg hinter der Bockenheimer Chaussee, in heißen Sommertagen, wo die Chaussee oft zu staubig ist, das Ziel so vieler Spaziergänger, ist leider nur bis zum Kettenhofweg chaussiert«. Die Behörden wurden aufgefordert, den Weg bis Bockenheim fortzusetzen. Aber schon zehn Tage später wurde von der gleichen Zeitung begrüßt, daß im »Westende« demnächst neue Marktplätze errichtet würden, was für die betreffenden Bewohner von großer Annehmlichkeit sein werde.

Gehäufte Westendnachrichten gab es dann wieder 1863. Der Weg von der verlängerten Guiollettstraße durch das Dr. Mattische Grundstück war fertig chaussiert worden, »ein längst gefühltes Bedürfnis«. Von der Promenade nach den Kettenhöfen zog sich nun eine schöne, breite Straße als kürzester Weg, der den bisherigen Zickzackkurs des Kettenhofwegs entlastete. Der Stadtgeometer Hartmann steckte gerade die Wege auf der Kettenhofwiese ab, da deren Käufer mit dem Bauen anfangen wollten. Zusammen mit einer Baugesellschaft und Dr. Matti planten sie, ein ganz neues Wohnviertel zu errichten. Ein Konsortium verhandelte mit dem Freiherrn von Günderrode über den Ankauf von

Grundstücken hinter der Lindenstraße. Man wollte sie für den Straßenbau nutzen. Mit Stolz über ein neu aufblühendes Stück Frankfurt der Zukunft wurde von den »Frankfurter Nachrichten« angemerkt, daß es dann eine beinahe gerade Verbindung von Bockenheim nach den Bahnhöfen gäbe.

Vor dem Krieg 1866 setzte die Besiedlung mit Macht ein, blieb momentan wegen der politischen und wirtschaftlichen Unsicherheit stehen, brach aber dann, nur mühsam gestaut, wie eine Woge über die Gartenstadt. Daß es ums Jahr 1870 schon so etwas wie eine Westendgesellschaft gegeben hat, die einem einheitlichen Interesse sich unterordnete, ist der Vorgeschichte des Palmengartens zu entnehmen, der zu einem Zankapfel zwischen Ost- und Westend wurde. Nachdem diese Stätte bürgerlicher Bildung und Erholung aber dann ihren Platz endgültig zugewiesen bekommen hatte, gab es unverzüglich einen Run auf die benachbarten Ländereien, weil hier das Frankfurt der Zukunft offenbar einen besonderen Glanz entfaltete. Die Bauherren des Westends gehörten der Schicht der neuen Reichen an: Meister, Lucius, Brüning, Hallgarten, Oppenheimer, Ladenburg; und auch die traditionellen Familien Grunelius, Metzler und Behrends tauchten unter den Baulustigen auf.

Der Charakter des Westends wurde erst eigentlich in den siebziger und achtziger Jahren geprägt. Seine Baumeister waren unter anderem Wallot, Burnitz, Sommer und v. Hoven, also die Generation, die dem ausgehenden Klassizismus den Kampf angesagt hatte mit scheinbar reicheren Mitteln der Architektur.

Dieser Klassizismus hat im Westend 1869 aber noch einmal einen letzten Sieg erfochten mit Fritz Kaysers Gesellschaftshaus im Palmengarten, im »griechischen Palaststil« gebaut. (1879 siegte beim Wiederaufbau des abgebrannten Hauses dann Heinrich Theodor Schmidts deutsche Renaissance.) Doch vorher noch hatte die Jahrhundertmitte dem Westend einen landhausmäßig bezogenen, nicht urbanen Stempel aufgedrückt. Rustikale Elemente, freilich ohne in deutsch-bäuerliches Romantisieren zu geraten, wurden in den Baukanon im Westend hereingenommen als Späterscheinung der Villeggiatura, der sich die

Siesmayerstraße 15

7
Dr. Fritz Barth

Staufenstraße,
Orangerie Rothschild

Orangerie, Gartenfront

VI

Westend

Frankfurter Sommerfrischler nun auch im Winter auslieferten. Sie behielten die Regeln bei, änderten freilich die Proportionen, schattierten mit weit ausladendem Dach und gewannen einen efeubewachsenen, herben Charme auf Stelzen. Mauresken und das Trachten, Wohlhabenheit durch gediegene Ornamentik aus dem bürgerlichen Bildungsvorrat zu dokumentieren, brachten ferner Farbe in das Bild, die Berliner Richtung machte sich schon vor der Ankunft der Preußen bemerkbar, und es gab noch immer die unverdrossen nach klassizistischem Schema entworfenen dreigeschossigen Mietshäuser sowie Villen im französischen quadratischen Grundriß mit drei Achsen nach allen Seiten.

linke Seite: Im Trutz 7

Grüneburgweg 6

Grüneburgweg 73

Westendstraße 42

Kettenhofweg 44

Kettenhofweg 19

Westendstraße 43

Taunusplatz, Niddastraße 18, Gartenseite

Feuerbachstraße 13

Niddastraße 18

Niddastraße 12

Niddastraße 9

Niddastraße 8

Niddastraße Ecke Weserstraße

Brentanoplatz

Rechte Seite: Ulmenstraße 45

Marienstraße 7

rechte Seite: Blittersdorfplatz 29, Gartenseite

Gutleutstraße 80. (Aquarell)
Weserstr. 7 mit den umliegenden Gärten und den Hinterhäusern des Taunusplatzes. (Aquarell von Carl Morgenstern)

Das erste Stück der Chaussee nach Eschersheim, wie es um das Jahr 1830 ausgesehen hat, kennen wir aus einer malerischen Schilderung Carl Theodor Reiffensteins: »Die Eschersheimer Landstraße hatte damals kaum noch ein Haus aufzuweisen, sondern war durch lauter Gartenwände und lebendige Zäune begrenzt. Da, wo der Grüneburgweg von derselben abbiegt, begannen dunkle, dichtstehende, schlanke und himmelhohe Rüstern die Straße einzuschließen, so daß sie das Aussehen einer ganz engen und schattigen finsteren Allee erhielt.« Weite Wiesen bedeckten das Gelände östlich davon bis zum Friedhofsweg hin, der späteren Eckenheimer Landstraße; an ihrem Südrand wurden sie von den Gärten am Anlagenring begrenzt. Das gleiche Aussehen hatte auch das Terrain am Ostrand der Stadt: Wiesen und Gärten bis zur Pfingstweide hin, durchzogen von schmalen Pfaden und zwei Chausseen, besiedelt von vereinzelten kleinen Gartenhäusern und wenigen größeren Sommergütern.

Wie die Auen in Anlagen, so wurden 1846 die Chausseen in Landstraßen umgetauft. Gleichzeitig bekamen die ersten Querstraßen ihren Namen; sie folgten ehemaligen Gärtnerpfaden. 1852 kamen die Finkenhof- und 1865 die Fichardstraße hinzu. In den gleichen Intervallen wurde der Osten mit der großen Pfingstweid- und der Theobaldstraße erschlossen.

Die Besiedlung mit Wohnbauten verlief in den dreißiger und vierziger Jahren zunächst sporadisch und planlos. Erst 1849 erfolgte eine Regulierung, als der Senat das Gesetz »die Anlage von Gärten, Gebäuden und Straßen etc. betr.« beschloß, denn angesichts der schmalen Feldwege in der Gartenzone hatte es sich längst als dringlich erwiesen, Hausabstände und Vorgartentiefe in ausreichender Größe festzulegen, um nicht die dunklen Schluchten der Altstadtgassen zu riskieren. Erstmals hat man deshalb einen Unterschied zwischen Straßen- und Baufluchtlinien eingeführt; in der Innenstadt und noch an den Anlagen hatte es ihn bisher nicht gegeben, wie es die dicht an das Trottoir gebauten Häuser beweisen. 1851 bis 1855 wurden dann für die an den Anlagenring grenzenden Gebiete Fluchtlinienpläne aufgestellt; ihnen lag ein rasterartiges Blocksystem zugrunde, soweit es die Winkligkeit vorhandener Straßen und Wege zuließ.

Das Adreßbuch der Freien Stadt Frankfurt wies für das Jahr 1841 insgesamt siebzig Namen auf, deren Träger ihren festen Wohnsitz in der Gegend »vor dem Eschenheimer Tor« hatten; freilich lagen diese nicht alle an der gleichnamigen Chaussee, sondern auch in der Gartenzone ringsum. Die Bewohner waren Kaufleute, Angestellte, Lehrer, Privatgelehrte und Künstler, Botschaftsbeamte, Gärtner, Rentiers. Bekannte Namen waren nicht darunter außer dem der Familie Constantin Fellner, die auf dem Gelände, das später als Straße ihren Namen trug, seit 1815 ein größeres Anwesen besaß. Der gleiche soziologische Querschnitt fand sich in dieser Zeit auch in dem östlichen und nordöstlichen Wohngebiet, das heißt an der Friedberger Chaussee, an der Pfingstweide und an der Eisernen Hand.

Einen starken Zustrom hat es an der Eschersheimer Landstraße zwischen 1841 und 1844 und dann noch einmal 1849 gegeben. Die Bauweise reicht vom zweistöckigen Familienhaus mit vier Fensterachsen nach der Straßenseite bis zum vierstöckigen Wohnpalast mit acht Achsen, wobei die Mittelpartie durch stärkere Fensterverdachung, ein Frontispiz, den doppeltürigen Eingang und den breiten Balkon darüber hervorgehoben sein kann. Wenn dann ein Attikageschoß noch durch Simskonsolen (wie bei Haus Nr. 8) gegliedert ist und die Beletage Rundfenster aufweist, ist die Ahnung eines florentinischen Palazzo nicht fern.

Einen eigenen baulichen Charakter hat die Region zwischen Eschersheimer Landstraße und Pfingstweide zunächst nicht entwickelt. Sie gehörte zu den peripheren Zonen und hat die ersten Architekten sowie interessierte Bauherren nicht angelockt. Die amorphen Aufgaben vom nicht ambitionierten Einfamilienhaus bis zum rentablen Mietshaus gaben den zweitrangigen Baumeistern Gelegenheit, das Gesicht von Wall- und Anlagenzonen in die Vorstadt hinein zu verlängern; das trug dazu bei, die Tradition bis in die Kaiserzeit hinein zu bringen. Selten leisteten sich die Eigentümer ornamentale Zier, wie Renaissancemuscheln an der Fichardstraße 12; landsmannschaftliche Überlieferung, die sich mitten im Grünen sehr einfühlsam gab, war die Schieferverkleidung der Hauswände (Theobaldstraße 17), seit der Mitte der fünfziger Jahre wieder stärker im Gebrauch, nachdem sie der Putzbau lange Zeit unterbunden hatte.

VII

Nordosten
mit Eschersheimer Landstraße

Eschersheimer Landstraße 8

Eschenheimer Landstraße
Ecke Querstraße

Fichardstraße 12–16

Eiserne Hand 8

Sömmerringstraße Ecke Bornwiesenweg

Theobaldstraße 16

Hauptfriedhof

VIII Mainufer

Ein Reisebericht aus dem Jahr 1821 meint, die Schönheit der Stadt trete am sichtbarsten in Erscheinung in den neuen Gebäuden am Main; »der Rhônekai zu Lyon ist nichts dagegen«. (Christian August Fischer »Katzensprung von Frankfurt am Main nach München im Herbst 1820«.) Er glaubt die schönsten Gärten und Landhäuser an den beiden Mainufern zu finden, neben denen der Friedberger, Bockenheimer und Offenbacher Chaussee. Fischer steht nicht allein mit seiner Vorliebe. Auch Johann Ludwig Deinhardstein nennt, wenn er von den »neueren und sämtlich schön und geschmackvoll« gebauten Häusern spricht, die Gegend am Main in dieser Hinsicht besonders ausgezeichnet. (»Skizzen von einer Reise in Briefen an einen Freund« 1831.)

Daß man der Wasserfront der Stadt einen besonderen Anspruch auf Repräsentation zugestand, ist kein Wunder, denn sie war als einzige langgestreckte Konstante die Schauseite Frankfurts; die von den Malern und Kupferstechern bevorzugte Fassade bot den ersten Eindruck dem zu Land aus dem Süden oder mit dem Schiff ankommenden Fremden. Mit der Erfindung der Eisenbahn hat sich hinterdrein diese Dominanz der Uferseite sogar noch bestärkt und bestätigt.

Der Schönen Aussicht an der Ostseite der Uferzeile entspricht eine ähnliche Häuserreihe, die von 1820 bis 1830 zu beiden Seiten der 1818 abgetragenen Schneidwallbastion, dem anderen Kopf des Wallgürtels, errichtet wurde. Da sich der Abschluß der Bebauung des Ufers am Fischerfeld im gleichen Jahrzehnt vollzog, ist diese doppelte Akzentuierung der Uferfassade im klassizistischen Stil simultan erfolgt. Man muß eine Einheit gesehen haben, denn die »Neue Chronik« 1833 nennt die Zeile am Untermaintor ebenfalls »Schöne Aussicht«.

Es besteht auch ein direkter Zusammenhang der beiden Schönen Aussichten, denn ein Konsortium unter Führung von Simon Moritz von Bethmann hatte in der Projektierungszeit der Stadtbibliothek vorgeschlagen, den Bau am Untermaintor auf einem ihm gehörenden Grundstück, das mit dem Abbruch des Schneidwalls frei wurde, zu errichten. Nachdem die Entscheidung dann doch zugunsten des Platzes am Obermaintor gefallen war, nutzte das Schneidwallkonsortium das Terrain für private Bauzwecke. Maßgeblich war der Stadtbaumeister Friedrich Heß am Immobilienhandel und der Planlegung beteiligt, ebenfalls die Architekten Philipp Jakob Hoffmann und Carl Friedrich Mack.

Die »Schöne Aussicht am Untermaintor«, Untermainkai 11 bis 15, bestand aus fünf dreistöckigen Häusern mit sieben bis zehn Achsen. Die Fassaden waren in Geschoßhöhe und Fensterform durchaus nicht ganz einheitlich, sondern gaben mit leichten Verschiebungen der Simse, mit dem Kontrast von Rundbogenfenstern zu viereckigen und der unterschiedlichen Verdachung genügend Spannung. Bis auf Nr. 15 lagen die Eingänge in der Mittelachse und waren durch drei Treppenstufen vor der Hauswand zu betreten. Da man an der Rückseite, später Hofstraße genannt, genügend Platz für Nutzbauten und Remisen hatte, konnte man sich an der Prachtseite die große Toreinfahrt sparen und beließ es bei einer Durchgangshalle, von der rechts der Treppenaufgang abzweigte, oder einem Vestibül im Hochparterre. Das Treppenhaus war an der Rückseite herausgestellt, bei Nr. 14 von Friedrich Heß in einem Fünfachtelschluß. Bis auf einen winzigen Balkon an Nr. 15 in der Mitte des 1. Stockes gab es in der ursprünglichen Fassung der Häuserreihe keinerlei Vorsprünge an der Vorderfront; die konsolengetragenen Balkons an den Häusern 7, 8, 13 und die beiden Renaissance-Erker an Nr. 15 sind spätere Zusätze. Symmetrie wurde trotz der Liberalität des Details gewahrt, indem die beiden Eckhäuser Nr. 11 und 15 die Dachhöhe der inneren drei Gebäude überragten und deren gleiche Dachsimshöhe einfaßten; ebenfalls ist so mit der anderen Zeile des Schneidwallterrains umgegangen worden, als in den vierziger und fünfziger Jahren die Doppelhäuser Nr. 7 und 8 von den überhöhten Häusern 6 und dem Eckgebäude Neue Mainzer Straße Nr. 2 flankiert wurden. Einen Bauwich mußte man, wie auch im Fischerfeld, nicht beachten und konnte, in gegenseitiger Absprache der Bauherren, sich mit gemeinsamer Brandmauer begnügen.

Von vornherein sind die Häuser der zweiten Schönen Aussicht wie auch die der ersten als luxuriöse Mietwohnungen ausgelegt worden. Die Bewohnersituation vom Jahr 1834 beweist, daß hier die gleiche Absicht realisiert wurde wie an der Obermaintorzeile und den Wallstraßen. Nr. 1–3, das sich der Architekt Rudolf Burnitz baute, nahm außer ihm den Handelsmann Johann Peter Belli-Gontard und den Gymnasiallehrer Wilhelm Carl Ludwig Supf auf. (1841 den Architekten Robert Fressinelli, den Rentier Robert King und Burnitz' Verwandte Marianne Saltzwedel). Nr. 7 hatte der preußische General v. Wolzogen inne; Nr. 8 bewohnte der oldenburgische Gesandte v. Both; Nr. 14 teilten sich der Bankier J. A. Ehrmann, der Kaufmann M. F. J. Borgnis sowie die Gesandten v. Blittersdorf und v. Ries, Nr. 12 die Senatorswitwe Miltenberg und der Gesandte v. Schack. Zählt man im Jahr 1841 noch die Gesandtschaften von Anhalt und Schwarzburg, den britischen Offizier Hyde Parker sowie die Bankiers Alex und Cäsar von Bethmann, Matthias Borgnis, den Handelsmann Joh. C. August Andreae und Dr. Maximilian Reinganum zu den bereits 1834 wohnhaften Kaufleuten Heinrich Goll-Platzmann und Joseph Isaac Speyer hinzu, schließlich 1844 den Freiherrn v. Blittersdorf mit der badischen Gesandtschaft (in dem neugebauten rechten Eckhaus mit der Neuen Mainzer Straße) und 1850 den K. u. K. Kämmerer Carl Vrints-Treuenfeld (Nr. 8), dann kann man von einer Parade der Diplomaten, Patrizier und Handelsherren sprechen. Die Besitzerliste beweist ebenfalls, daß Frankfurter von Rang und Namen sich des anspruchsvollen Wohngebiets bemächtigt hatten: Dr. Johann Adam Ohlenschlager, Dr. Georg Hermann Schilling, Rudolf Burnitz, Heinrich Goll-Platzmann, Alexander von Bethmann, Simon Moritz von Bethmann, Matthias Borgnis, Dr. Franz Miltenberg, Joseph Isaac Speyer (später Meyer Carl von Rothschild).

Das westliche Haus Nr. 15, das direkt an das Untermaintor und den Anfang der Promenade stieß, besitzt einen Vorgang in den Senatsakten, der in mehrfacher Hinsicht typisch für die Situation ist. Der Handelsmann Joseph Isaac Speyer erklärt am 1. 9. 1820, er habe einen Bauplatz »der neuen Anlage des gewesenen Schneidwalls und Nebenanlage dahier« gekauft und sei im Begriff, ein Haus darauf zu setzen, weil er hier noch keines habe. »Die Lage des von mir erkauften Platzes ist auch zu letzterem Geschäft (Waren und Spedition) gar nicht geeignet, vielmehr gehört sie in die Gärtenanlage, wo man die hiesigen Israeliten in jetzigen Zeiten stadtkundig Grundstücke erwerben läßt.« Speyer erklärt, er baue nicht auf Spekulation und wolle vielmehr zur Verschönerung der Stadt beitragen. Der Senat genehmigt daraufhin den Bau eines Wohnhauses zum eigenen Gebrauch oder zum Vermieten, es dürfe aber kein offener Laden oder ein geschlossenes Warenlager darin untergebracht werden. Den Platz übernimmt Speyer laut Grundbuch von Friedrich Heß 1821; da das Nebenhaus Nr. 14 im Jahr 1824 von Friedrich Heß an Simon Moritz von Bethmann übergeht und im Staatskalender die ganze Zeile aus fünf Häusern Nr. 11–15 schon genannt ist, wenngleich die Besitznahme teilweise erst in den nächsten Jahren im Grundbuch registriert wird, muß als sicher gelten, daß diese Schöne Aussicht am Untermaintor in den Jahren 1820 bis 1824 hochgezogen worden ist.

Nachdem die Witwe Speyers 1848 das siebenachsige Haus an Rothschild verkauft hatte, ließ dieser in den folgenden Jahren seinen Hausarchitekten Friedrich Rumpf einen Anbau in der Breite von sieben Achsen anbringen, der sich nahtlos Friedrich Heß' ursprünglicher Gliederung anpaßte, die Rundbogenfenster im Parterre und 1. Stock fortsetzte und die Symmetrie wahrte, indem ein zweiter dreiteiliger Dachausbau über der vierten Achse mit dem über der neunten konveniert. An der neuen Westseite schließt ein klassischer Giebel mit gesprengter Basis und einem halbrunden Fenster in der Dreiecksblende die Dachzone ab; die gleiche Lösung findet sich bei der Hochstraße 24 von Friedrich Heß, allerdings nicht mit der strahlenden, hellen Wandgliederung, wie sie Rumpf erreichte.

Speyer hatte in seiner Eingabe von der Gärtenanlage gesprochen und damit die Umwandlung des Wallterrains gemeint. Die eigentliche Gartenzone aber war mainabwärts längs des Ufers das Terrain » An der Windmühle«. Es hatte eine schon länger zurückliegende Besiedlungsgeschichte und wechselte während des 19. Jahrhunderts sowohl Baucharakter als auch Grundstücksgröße und Besitzer. Hüsgen nennt 1802 an der Windmühle Landsitze von Lersner, Brönner, Brevillier, du Fay, Gontard, Fay und v. Wiesenhütten; 1818 werden aufgezählt Grunelius, Steitz, Brevillier, du Fay, Gontard und v. Wiesenhütten. Die beiden letzteren zumindest reichen tief ins 18. Jahrhundert zurück; das Gartenhaus Grunelius wird beim Abbruch 1869 als das älteste aus der Kaiserzeit stammende Gartenhaus genannt.

An seine Stelle trat in den siebziger Jahren die Villa Grunelius, von Heinrich Burnitz an der Ecke des Grundstücks Untermainkai – Untermainanlage errichtet mit einer Fassade aus grünem Sandstein in Renaissancemanier, einem halbrunden, balustergekrönten Pavillon an der Ostseite und dem charakteristischen Wechsel von Giebel- und Segmentfenstern. Ursprünglich fünfachsig ist das Haus Nr. 44 gewesen, das sich Johann Jacob Bonn in der sparsamen Haltung der vierziger Jahre bauen ließ, nachdem er den Garten 1837 aus dem Besitz der Familie du Fay (vorher Finger) übernommen hatte; wäre nicht die Disproportion von fünf Achsen bei drei Geschossen unter einem ausladenden Dach, könnte man die Hand von Friedrich Heß vermuten. Ebenfalls nicht mehr in der ursprünglichen Fassung blieb die Villa de Bary (im Erbgang aus dem Besitz der Familie Gontard), die laut Familienüberlieferung von Salins de Montfort stammen soll, mit der Vorlage im Dreiachtelschluß an der Fassade und der ungewöhnlichen Giebellösung an der Rückfront aber Züge aufweist, die nicht von der Hand des Franzosen stammen können. Eher noch weisen die westlich angrenzenden Wirtschaftsgebäude mit denen am Bethmannschen Riedhof von Salins verwandte Züge auf; an ihnen haben sich zwischen 1811 und 1832 Veränderungen in der Grundrißdisposition ergeben, am Hauptbau hingegen nicht. Die Frankfurter Handelsgeschichte stellt fest, daß Jakob Friedrich Gontard ein neues Lusthaus mit Scheuer und Stallung in den Garten an der Windmühle habe bauen lassen, und es sei ziemlich unverändert in dem Besitz der de Bary-Gontardschen Erben geblieben. Da dieser Mann aber schon 1766 gestorben ist, müßte es sich also ursprünglich um ein barockes Gartenhaus gehandelt haben und – falls die Familienüberlieferung doch Wahrheit enthält – Salins Modernisierungen mit Details unter Wahrung des Grundrisses vorgenommen haben.

Aus dem Gontardschen (vorher Stalburgschen) Besitz stammt auch der Nachbargarten, der westlich angrenzte und durch Heirat in den Besitz der Familie Manskopf kam. Sie ließ in den vierziger Jahren von Rudolf Burnitz den Historismus am Untermainkai etablieren mit dem Haus Nr. 54 in englischer Gotik, dem Widerspruch zum Klassizismus, dem sich der Architekt in seiner Spätzeit angeschlossen hatte. Die Bögen im Tudor-Stil an den Fenstern des vierten Geschosses in gleichartig eingelassenen Blenden, die Vertikalbetonung von vier Stockwerken bei nur drei Achsen Breite, die gotischen Türmchen an den Ecken des Dachs auf durchgehenden Halbpfeilern (sie waren zur Zeit der Aufnahme schon nicht mehr vorhanden) und schließlich die kuriosen steinernen Kürbisse, die das Giebelfeld verzierten, deuten auf einen gänzlich veränderten Sinn für Architektur im Grünen, die nur wenig noch mit der Repräsentierung von Harmonie zu tun hatte.

VIII

Mainufer

Henninger Bier

linke Seite: Mainfront westlich der Alten Brücke

Mainfront vom Saalhof nach Osten

linke Seite oben: Untermainkai 3

linke Seite unten: Untermainkai 4

Untermainkai Ecke Neue Mainzer Straße

Untermainkai 18

Hofstraße 1

Untermainkai 15

Untermainkai 44

Untermainkai 48, Gartenfront

Untermainkai 48

Untermainkai 54

Rechtes Mainufer, von Untermaintor bis zur Schönen Aussicht. (Stahlstich nach einer Zeichnung von Jakob Fürchtegott Dielmann.)

IX Sachsenhausen und Bockenheim

Das südliche Mainufer hat auf breiterer Strecke noch als die gegenüberliegende Flucht »An der Windmühle« den Charakter einer Gartenstraße gehabt und ihn, wie diese schon zu Zeiten des späten Barocks, mit einer Reihe geschwungener Pavillons dokumentiert. Die Besiedlung begann an der westlichen Flanke Sachsenhausens und hat sich während des 19. Jahrhunderts mainabwärts vollzogen. Das Endstück zwischen Untermain- und Wilhelmsbrücke wurde in den letzten drei Jahrzehnten mit historisierenden Bauten wie dem Städelschen Kunstinstitut und der Villa Liebieg akzentuiert. Der Klassizismus aber ist in den Proportionen der Villa Saltzwedel (1802–04) machtvoll zu erkennen, obwohl Mitte der sechziger Jahre der neue Besitzer Georg Friedrich Metzler das bisher mit kleinen einachsigen Vorsprüngen versehene Dach durch dreiachsige barocke Mansardenausbauten gründlich veränderte, die Fenster des 1. Stocks mit schweren Segmentgiebeln krönen und den Eingang an der Ostseite mit eisernen Pilastern flankieren ließ. Und sogar an der 1858 wesentlich stärker barockisierten Villa Bolongaro, Schaumainkai 23, läßt sich die ursprüngliche Proportionierung noch deutlich ablesen; das neu hinzugekommene Mansarddach stumpft geradezu den kubischen Bau nach oben ab und weist als Negativum überzeugend die maßvolle Wohltat des verschwundenen klassizistischen Flachdachs nach.

Ein Teil der klassizistischen Einfriedung der Stadt mit Torhäusern ist auch in Sachsenhausen zu sehen. Von dem jungen Friedrich Heß wurden 1810–11 die beiden Gebäude des Affentores, die größten ihrer Art in der Stadt, gebaut. Im Gegensatz zu den antiken Zitaten des Vaters hat er sich die italienische Renaissance zum Vorbild genommen und die gemauerten Rundbögen, die er später an Wohnbauten als kleine, wandgliedernde Elemente nutzte, ins Kolossale gesteigert. Aus der gleichen Zeit stammt das Landhaus Zickwolff von P. J. Hoffmann auf dem Mühlberg, einer schon im 18. Jahrhundert geschätzten Region für

Gartensitze. Das Wohnhaus ist bereits bei der Erörterung über den Architekten besprochen worden; es ist aber noch auf das frühe Beispiel klassizistischer Ökonomiegebäude hinzuweisen, denen vom Bauherrn die gleiche Sorgfalt zuteil geworden ist wie dem Domizil selbst. Der Flachbogen über den großzügig breiten Toren, seine Wiederholung sogar in rein der Wandgliederung dienenden Blenden, das Spiel von waagrechten Simsen mit ihnen und den halbkreisförmigen Fenstern unter dem flachen Giebeldreieck weisen die ganze weißgestrichene Anlage im Grünen als Ergebnis einer konsequenten Baugesinnung aus, die jedes profane Detail in den Dienst einer Gesamtschöpfung stellt – gewiß noch ein Gedanke aus der Barockzeit, so stilistisch anders auch das Ergebnis ausgefallen sein mag.

Ähnlichen Auftrag hat ein anderer Frankfurter Architekt etwa zwölf Jahre nach Hoffmann außerhalb der Stadt gehabt. Der junge Friedrich Rumpf wurde von dem Darmstädter Minister Karl Ludwig von Barckhausen-Wiesenhütten verpflichtet, auf dem 1819 erworbenen Gut Schönhof in Bockenheim Ökonomiegebäude zu errichten. Er entwarf in einer fast monumentalen Weise eine klassizistische Stallung, die über die reine Funktion hinaus an der Stirnwand mit einem gequaderten Portal, einer Inschrift mitten in überhöhter Attika und einer kräftigen Eckquaderung versehen ist. Sogar das Dach läuft flach an, um dem Gesims seine Wirkung zu erhalten. An der Längsseite sind zwei überhohe, später vermauerte Toreinfahrten angebracht, deren Giebelbekrönung die Simslinie überschneidet, wie das an manchen Häusern in der Neuen Mainzer Straße auch vorgekommen ist.

Zu den in Rumpfs Oeuvreverzeichnis genannten Entwürfen zählt ein Pavillon für Barckhausen. Es handelt sich um den achteckigen Gartentempel am Schönhof, der gelegentlich Salins zugeschrieben worden ist. Seine jugendlich anmutende Frische auf dem ungelenk anmutenden Sockel entspricht aber eher der Arbeit eines noch nicht alle Mittel klassizistischer Gliederung souverän beherrschenden Baumeisters, also Rumpf um 1820. Sehr wohl aber kann man Souveränität in Bockenheim an dem anderen Entwurf eines Frankfurter Baumeisters spüren: an der Villa Ginnheimer Straße 3, die sich Samuel Passavant als Sommerwohnung 1829 bauen ließ. Das Haus mit dem quadratischen Grundriß hat die für Friedrich Heß charakteristischen geschnittenen Bogenblenden über den Erdgeschoßfenstern, die an späteren Arbeiten vorkommende Betonung des Dachsimses durch Konsolen und auch die Pfeiler- und Bogenstellung als Balkonstütze, wie er sie an der Bockenheimer Landstraße an der Villa Berna-Brentano ähnlich einsetzte.

IX

Sachsenhausen und Bockenheim

Schaumainkai 15

Schaumainkai 23

Affentor

Affentor

Schifferstraße 61

Hühnerweg 20

Hühnerweg 20, Gartenseite

Hühnerweg 20, Ökonomiegebäude

SCHOENHOF

Schönhof

Schönhof, Gartenpavillon

linke Seite: Schönhof, Ökonomiegebäude

ıke Seite oben: Ginnheimer Straße 3

ıke Seite unten: Ginnheimer Straße 3, Gartenfront

Ginnheimer Landstraße 42

Mühlberg, Landhaus v. Groote

Anmerkungen

Die Numerierung der Häuser in Frankfurt

Während des Siebenjährigen Krieges war in Eile eine Kennzeichnung aller Häuser der Stadt eingeleitet worden. Sie bestand aus einem Buchstaben (Litera), der das jeweilige Stadtviertel (Quartier) bezeichnete, und einer arabischen Ziffer für das jeweilige Grundstück. Die Stadt innerhalb der Mauern war in zwölf Quartiere – A bis M – eingeteilt, auf Sachsenhausen entfielen die Quartiere N und O. Die Grundstücke und Häuser außerhalb der Mauern waren nach den Gewannen genannt, kenntlich an einer römischen Ziffer, an die sich eine arabische Ziffer für die jeweilige Liegenschaft schloß. Wurden Grundstücke später geteilt, so setzte man an die bisherige Litera- oder Gewann-Nummer einen Kleinbuchstaben; nochmalige Unterteilung der Parzellen, die während des 19. Jahrhunderts bei der Auflösung großer Grundstücke häufig vorkommen konnte, wurde durch eine dem letzten Buchstaben folgende Zahl kenntlich gemacht (es gab dafür keine feste Regel, so daß sie mal als römische, mal als arabische Ziffer eingetragen wurde).

Als mit der Bebauung des Wollgrabens, des Fischerfeldes und der Wallzonen die auf die bisherige Ausdehnung der Stadt bemessene Numerierung nicht mehr ausreichte, machte man die neuen Viertel kenntlich, indem man die Häuser mit römischen Zahlen bezeichnete. Sie wurden dem nächstliegenden Quartier zugeordnet: das waren die Litera A bis E. Die Wohnviertel der klassizistischen Epoche lassen sich also an einem dieser fünf Buchstaben und einer römischen Zahl dahinter erkennen.

Mit der Zeit erwies sich eine Adressierung nach dem Litera-System als unzureichend, da man den Straßennamen nicht ablesen konnte, sondern nur das Quartier, und außerdem manche lange Straßen – zum Beispiel die Zeil oder die Fahrgasse – sich durch mehrere Quartiere zogen. Deshalb entschloß sich der Magistrat auf eine lange andauernde Kritik in der Öffentlichkeit hin, die Adressierung künftig nach Straßennamen und Hausnummer einzuführen. Der Beschluß wurde am 14. Oktober 1845 amtlich; mit der Ausführung begann man am 13. Juli 1847 und schloß sie im Oktober des gleichen Jahres ab. Bei den Behörden galt aber die alte Einteilung nach Litera und Gewann weiter, weil sie in den Grundbüchern und anderen städtischen Akten festgelegt war.

Von der Jahrhundertmitte an wuchs in der Gartenstadt außerhalb des Anlagengürtels die Zahl neuangelegter Straßen. Es wurden Grundstücke parzelliert und bebaut, und auch an den Wallstraßen siedelte man dichter. Deshalb wurde eine Umnumerierung nötig. Im Amtsblatt Nr. 49 vom 21. April 1868 ist sie verkündet worden. Diese Änderung erklärt die teilweise differierenden Adressenangaben in der Literatur, weil man teils die ursprüngliche Hausnummer und teils die später gültige benutzt hat.

Das Prinzip der Hausnumerierung ist ganz auf eine unveränderliche Konstante hin orientiert worden: auf den Lauf des Mains. Alle Straßen, die parallel zum Fluß oder zumindest fast parallel verlaufen, wurden von Ost nach West, wie das Wasser fließt, durchgezählt. Die ungeraden Nummern liegen stets auf der linken, die geraden Nummern auf der rechten Straßenseite. Auch die in Nordsüd-Richtung verlaufenden Straßen richten sich nach dem Main und beginnen an ihrem dem Fluß nächstliegenden Teil. Auf der Frankfurter Seite heißt das also, daß die Hausnummern von Süden nach Norden laufen, in Sachsenhausen umgekehrt. Allein die Landstraßen machen eine Ausnahme und benutzen den Anlagenring als Ausgangspunkt, so daß die Nummern der Friedberger, Hanauer und Offenbacher Landstraße von West nach Ost verlaufen.

1811 veröffentlichte der Architekt Christian Friedrich Ulrich (1775–1828) einen ersten geometrischen Grundriß von Frankfurt. Nach seinen Angaben ist er zwischen 1802 und 1808 entworfen worden, doch wurden die Änderungen in den Neubaugebieten während der beiden folgenden Jahre ebenfalls berücksichtigt. Die um 1810 erfolgte Benennung der Straßen im Fischerfeldviertel ist bereits angegeben, soweit die Verkehrswege durch Bebauung bereits in Funktion getreten waren.

1819 gab Ulrich eine zweite, ergänzte Fassung seines geometrischen Planes heraus. Sein Sohn Karl Adam Ulrich (1802–1834), ebenfalls Architekt, brachte nach des Vaters Tod den Plan auf den neuesten Stand der baulichen Entwicklung und publizierte 1834 eine dritte Fassung, die dann in den dreißiger Jahren noch zweimal revidiert wurde. Die letzte, fünfte Ausgabe stammt aus dem Jahr 1839.

Im Jahr 1864 veröffentlichte Friedrich Wilhelm Delkeskamp seinen »Malerischen Plan von Frankfurt am Main, nach der Natur aufgenommen und auf geometrischer Basis in Vogelschau gezeichnet« als Stahlstich. Als fiktiver Standort des Zeichners ist ein Platz hoch über dem Sachsenhäuser Berg anzunehmen; es wurde ohne perspektivische Verkürzung gearbeitet, so daß die Größenverhältnisse der Bauten im Vorder- und im Hintergrund übereinstimmen. Da Delkeskamp sich exakt an die Gestalt der Häuser, auf Fensterzahl und Balkon genau, hielt, ist sein Plan ein wertvolles Dokument vom Aussehen der Freien Stadt Frankfurt kurz vor ihrer Annektierung durch Preußen.

Zu den Abbildungen

Wenn die Anmerkungen nicht mit den Hinweis »Erhalten« oder einer Angabe über den heutigen Verwendungszweck abgeschlossen sind, handelt es sich um Häuser, die während des 2. Weltkrieges zerstört oder nach dem Kriege wegen eines Neubaus abgerissen wurden.

Seite 104 und 105

Paulskirche

Entwurf von Johann Andreas Liebhardt 1787. Ausführung von Johann Christian Georg Heß. Rohbau 1792 unter Dach. Laut Topographie von 1818 ist der Turm des »kolossalen Tempels« erst zur Hälfte hochgezogen. Vollendung des Baus 1829–33 durch Johann Christian Friedrich Heß. Er erhöhte den Turm um ein weiteres Geschoß mit einem runden Aufsatztürmchen unter kupfergedeckter Kuppel und großem Kreuz. 1830–33 wurde im Inneren eine umlaufende Empore auf 20 ionischen Marmorsäulen, die hohen Fenster überschneidend, angebracht. Sockel und Kapitelle von Johann Valentin Tüchert. Die Holzkuppel mit Stichkappen für die oberen Fenster wurde 1848 durch eine eingezogene Flachdecke unsichtbar gemacht.
Nach der Zerstörung im 2. Weltkrieg wurde die Kirche anläßlich der 100. Wiederkehr des Zusammentritts der Nationalversammlung wiederaufgebaut, im Inneren ohne Anlehnung an die frühere Gestaltung. (Vorgeschichte und Risse in C. H. Jelkmann »Die St. Paulskirche in Frankfurt am Main«.)

Seite 106

Zeil 92 Lit. D 2–4

1795 von Salins de Montfort für Johann Peter Leonhardi gebaut, nachdem ein 1793 nach Plänen von Johann Christian Georg Heß begonnenes Haus im Rohbau wieder abgerissen worden war. Im Besitz der Familie Leonhardi bis 1834. Am 12. 12. 1834 Eintragung im Grundbuch über den Verkauf des Hauses samt Schildwirtschaftsgerechtigkeit von Dr. jur. Jakob Friedrich v. Leonhardi, hessischer Gesandter beim Bundestag, an Bankier Amschel Meyer von Rothschild. Gegen Ende des Jahrhunderts wurde das Wohnhaus von der Familie Rothschild in ein Altersheim für jüdische Damen umgewandelt und die Raumaufteilung Salins' dabei gründlich verändert. 1940 nahm die Stadt Frankfurt das Haus zwangsweise in Besitz und belegte es mit eigenen Dienststellen. (Baugeschichte bei F. Dahl »Die Tätigkeit des Baumeisters Salins de Montfort in Frankfurt am Main«, S. 17ff.)

Seite 107

Fahrgasse Ecke Börnestraße Lit. B I

1809–10 von Philipp Jakob Hoffmann als Geschäftshaus für Amschel, Salomon und Carl Mayer Rothschild an der gleichzeitig angelegten Neuen Bornheimer Straße gebaut, an der Stelle der 1796 beim Brand der Judengasse vernichteten Häuser zur Goldnen Scheuer, Goldnem Mörser, Roseneck, Weißen Rose und Rosenkranz. Die Fassade zur Fahrgasse hin hatte fünf Achsen und den Eingang in der mittleren; nach der Born-

heimer Straße hin war die Front ursprünglich in acht Achsen gegliedert mit dem Einfahrtstor an den beiden rechten Außenachsen.
1813–1901 Bankhaus Rothschild, 1841 auch Sitz des Königlichen Bayerischen Konsulats. Nach dem Erlöschen der Firma schenkte Baronin Edmond de Rothschild das Haus im Jahr 1912 der Israelitischen Gemeinde Frankfurt. Mit ihrer und ihrer Mutter Freifrau Wilhelm von Rothschilds Spende wurde es 1921 als Gemeindehaus eingerichtet unter der Bedingung, daß die Privatbüros der beiden letzten Bankinhaber Mayer Carl v. Rothschild (gest. 1886) und Wilhelm Carl v. Rothschild (gest. 1901) im 1. Stock unverändert erhalten bleiben müßten. Die anderen Räume wurden für Museumszwecke genutzt. 1931–32 dank einer neuen Stiftung der Baronin Edmond de Rothschild vollständig umgebaut und erweitert durch Abbruch und Neubau des Nachbarhauses Börnestraße 54. Von 1933 an waren die Bibliothek der Israelitischen Gemeinde und das Museum jüdischer Altertümer in dem Haus untergebracht. Bis zur Zerstörung 1944 blieben die beiden Privatkontore, der Treppenaufgang und die Fassade im ursprünglichen Zustand.

Seite 108 und 109

Friedberger Tor

1808 von Johann Christian Georg Heß entworfen. Ursprünglich Neues Tor genannt. (Zeichnung in Jung-Wolff, II. Bd., S. 120.)

Seite 110

Roßmarkt Ecke Töpfengasse Lit. E 231

1862 gebaut für den Bierbrauermeister Gustav Daniel Mevi, der 1857 das Haus Zum Pfuhlhof gekauft hatte und niederlegen ließ, um »einen geschmackvollen Neubau« an seine Stelle zu setzen. Er bat 1862 den Senat um Dispens von einer Bestimmung aus dem Jahr 1853, wonach die Front zum Roßmarkt 64 Fuß hoch werden mußte, nach der schmaleren Töpfengasse aber die Höhe von 58 Fuß nicht überschreiten durfte. Das Bauamt genehmigte ihm darauf die durchgehende Höhe von 64 Fuß. Da in der Nachbarschaft der neuerschlossenen Junghofstraße zur gleichen Zeit von Heinrich Burnitz und anderen Architekten Häuser mit Renaissance-Elementen gebaut wurden, muß dieses eher traditionsbewußte Haus von einem Baumeister der älteren Generation entworfen sein.
Mevi, Inhaber des Gasthofes Zum Weidenbusch am Steinweg, bezog 1864 den 2. Stock des Hauses und vermietete die anderen Geschosse. Einer der Mieter, das Bankhaus Erlanger, übernahm das Haus gegen Ende des Jahrhunderts. Letzter Eigentümer war die Dresdner Bank.

Seite 111

Allerheiligentor

1810 von Johann Christian Georg Heß entworfen und als Hanauer Tor an die Stelle des im Jahr zuvor abgerissenen Tors von 1343 gesetzt. Als Wach- und Zollhaus dienend. Durch Gitter- und Torverschluß waren die beiden einander gegenüberliegenden Gebäude verbunden. Im Obergeschoß Wohnräume. Wappen und Inschriften von 1814. (Grundriß in Jung-Wolff »Die Baudenkmäler in Frankfurt am Main«, II. Bd. S. 124.)

Seite 112 und 113

Stadtbibliothek

Der zweistöckige Langbau mit flachem Dach wurde 1818 von Johann Christian Friedrich Heß entworfen und 1820–25 errichtet. Die Kapitelle am Säulenportal stammten von Matthäus Krampf. Der plastische Schmuck im Giebelfeld wurde erst 1893–94 eingefügt. – Erhalten blieb der Portikus. (Baubeschreibung und Vorgeschichte in F. C. Ebrard »Die Stadtbibliothek in Frankfurt am Main« und Jung-Wolff, II. Bd., S. 350 ff.)

Seite 114, 115 und 138

Lange Straße 4, Hospital Zum Heiligen Geist Lit. A CV.

Friedrich Rumpfs Entwurf wurde am 26. Mai 1831 von der Wiener Bauakademie zur Ausführung empfohlen, der Senat der Freien Stadt genehmigte den Plan am 17. Mai 1832, der Baubeginn verzögerte sich jedoch, da die Anrainer im Prozeß gegen die Stadt darauf bestanden, daß das Areal zwischen Stadtbibliothek und Rechneiweiher nicht bebaut werden dürfe. Zur Grundsteinlegung kam es am 25. Mai 1835, zur Eröffnung des Hospitals im Jahr 1839.

Das Hauptgebäude lag auf einer 9600 Quadratmeter großen Fläche und bedeckte selbst 2070 Quadratmeter. Gebaut in Backstein, mit Kalk verputzt, Gliederung und Gesimse in Mainsandstein. Um den Hof gruppierten sich drei dreistöckige Flügel, an der Front zur Langestraße abgeschlossen durch einen einstöckigen Portalflügel mit Flachdach. In den Seitenteilen des Portals waren Nischen eingelassen, in denen die zwei symbolischen Figuren »Krankheit« und »Genesung« aufgestellt wurden, 1863 von Eduard Schmidt von der Launitz ausgeführt, gestiftet von G. von St. George.

Der südliche und östliche Trakt sowie die Portalfront sind erhalten geblieben, die Fassaden entsprechen heute aber nicht mehr völlig dem ursprünglichen Zustand. (Risse und Baubeschreibung in »Frankfurt am Main und seine Bauten«, S. 150 ff., Vorgeschichte in W. Stricker »Neuere Geschichte von Frankfurt am Main«, 1881.)

Seite 116 und 117

Hauptfriedhof, Portalgebäude

Nach den Plänen von Friedrich Rumpf 1826 begonnen als monumentaler Mittelbau mit Durchfahrt zwischen zwei dorischen Säulenpaaren. Die kolossalen Engelsköpfe an den Flanken des Flachgiebels stammen von Johann Nepomuk Zwerger. Erhalten. (Beschreibung und Risse in »Frankfurt am Main und seine Bauten«, S. 130 ff.)

Seite 118 und 119

Saalbau, Junghofstraße Lit. 44 a, *d*

1860–61 von Heinrich Burnitz entworfen und gebaut nach Ankauf des westlichen Teils des Junghofes durch die Saalbau AG 1859. Der Architektenwettbewerb erkannte J. Kalnitzky den 1. Preis zu, ausgeführt jedoch wurde der Entwurf des 2. Preisträgers. Eröffnung des Konzertsaals am 18. 11. 1861. (Beschreibung und Grundriß in »Frankfurt am Main und seine Bauten«, S. 292 ff.; Geschichte in H. Weber »Das Museum«, S. 51 ff.)

Seite 119

Junghofstraße 5 Lit. E 44h

1869 erstmals nachzuweisen. Der Zimmermeister J. W. Renck hatte 1861 von Nikolaus Manskopf die Parzellen E 44h und 44j vom Areal des ehemaligen Junghofes gekauft. 1869 trat seine Witwe als Eigentümerin des Hauses E 44h (Junghofstraße 5–7) auf. Das Haus besaß zweieinhalb Geschosse und fünf Achsen mit dem Eingang durch Rundbogentor in der mittleren. Putzbau mit Doppelgesims über dem Erdgeschoß, verkröpft mit den vier durchgehenden Pilastern.

Letzter Eigentümer war die Deutsche Effekten- und Wechselbank.

Seite 119

Junghofstraße 8 Lit.E 44b

1860–61 nach den Plänen von Heinrich Burnitz vom Zimmermeister Johann Wilhelm Renck für den Frankfurter Kunstverein gebaut. Das Grundstück war für 17500 Gulden von Nikolaus Manskopf erworben worden. Die Baukommission des Kunstvereins – Hermann Mumm, Moritz Gontard, Angilbert Göbel, Carl Bennert, Louis Jäger, Wilhelm Brückner, Hermann Nestle, Leopold Sonnemann, Eduard Pose und Rudolf Speltz – machte Änderungswünsche an der Fassade, besonders am Portal, geltend. Das Ausstellungshaus wurde am 30. Juni 1861 eröffnet. Zehn Jahre später wurde ein Stockwerk mit Inspektorwohnung aufgesetzt, 1881 der Nordsaal verlängert und mit Oberlicht versehen.

Seite 120 und 121

Opernhaus

Die Anregung des Oberbürgermeisters Dr. Mumm aus dem Jahr 1869 wurde von Frankfurter Bürgern spontan aufgegriffen und mit Geldspenden zum Bau eines neuen Stadttheaters gefördert. Nach Abschluß eines Architektenwettbewerbs entschied sich das Gutachtergremium am 17. August 1871 für den Entwurf von Professor Richard Lucae, Berlin. 1872 beschloß der Magistrat, als Platz für den Theaterbau nicht den Rahmhof, sondern die Gärten rechts vom Bockenheimer Tor in den Anlagen zu wählen. Lucae arbeitete seinen Entwurf aus und berücksichtigte nicht allein die Detailauflagen wie Wegfall der Cabinets für die Logen und der besonderen Treppen für die Prosceniumslogen, sondern lockerte die Fassadenfront auf und führte ihre Gliederung elegant in die Tiefe. Baubeginn 1873, Einweihung 1880. Ausgebrannt 1944, die Ruine wartet 1970 noch auf den Wiederaufbau. (Baubeschreibung und Risse in »Frankfurt am Main und seine Bauten«, S. 281 ff. und H. Reber/H. Heym »Das Frankfurter Opernhaus 1880 bis 1944«.)

Seite 122

Neue Kräme Nr. 9, Alte Börse Lit. K 91–92

1839 schrieb die Handelskammer einen allgemeinen Wettbewerb für den Bau eines Börsenhauses aus. Preisträger wurde der Berliner Oberbaurat Friedrich August Stüler, dessen Entwurf unter der Bauleitung des Frankfurter Architekten Eugen Peipers 1840–44 ausgeführt wurde. Börse bis 1879, Verkauf des Hauses für 400000 Mark an Eugen Kanngießer, der durch Servitut angehalten wurde, den plastischen Schmuck an dem Gebäude – symbolische Figuren von Eduard Schmidt von der Launitz, Johann Nepomuk Zwerger und Karl Eduard Wendelstädt – auch im Falle des Abbruchs zugunsten der Handelskammer sicherzustellen. Letzter Besitzer war die Stadt Frankfurt. Das Erdgeschoß enthielt einen durch zwei Stockwerke reichenden, mit Fächergewölben auf acht Marmorsäulen und Palmenkapitellen überspannten Saal; er äußerte sich an der Fassade durch große Rundbogenfenster zwischen vortretenden, figurenbekrönten Pfeilern. Nach Verlust der Börsenfunktion wurde der Saal durch eine Zwischendecke in zwei Stockwerke geteilt, das neue Geschoß äußerte sich an der Fassade mit einer Reihe von Fenstern, die der im Obergeschoß genau angepaßt war und die hohen Bögen der ursprünglichen Erdgeschoßfenster beseitigte. (Grundriß in »Frankfurt am Main und seine Bauten«, S. 264.)

Seite 132

Obelisk, Brückhofstraße

1812 auf Vorschlag von Senator Guiollett an der Stelle eines 1811 abmontierten Pumpenbrunnens aufgestellt. Schon in den achtziger und neunziger Jahren des 18. Jahrhunderts gab es in der Stadt Obelisken als Pumpensäulen, durch Napoleons Feldzug von 1799 aber wurde Ägyptisches besonders Mode. Die in der Dalberg-Zeit auf dem Gelände des ehemaligen Compostellhofs gebaute Synagoge zeigte ägyptische Stilelemente, und die von Salins de Montfort entworfenen, aber nicht ausgeführten Stadttore wiesen ebenfalls die vom Klassizismus übernommenen Formen altorientalischer Architektur auf: ein nicht näher bezeichnetes Tor sollte aus zwei flankierenden Pyramiden bestehen, und Salins' Gallustor hatte in der Mitte der Durchfahrt einen Obelisken vorgesehen. – Erhalten. (Wolff-Jung »Die Baudenkmäler in Frankfurt am Main«, II. Bd., S. 300.)

Seite 132

Brückhofstraße 22 Lit. A I

Als Apotheke an der Brücke erstmals 1797 genannt. Bauherr war der Apotheker Justus Christian Lucä, dessen Erben 1819 an den bisherigen Provisor Johann C. Stein verkauften. Das Haus gehörte zur frühesten Phase der Bebauung von Brückhof und Fischerfeld.

Seite 133

Brückhofstraße 2–4 Lit. A XXXII a, b

Um 1800. Das Doppelhaus mit dem sechsachsigen Mittelrisalit und korinthischen Pilastern wird von Julius Hülsen als stilistisch verwandt mit dem Großen Kornmarkt 18 und Großer Hirschgraben 10 bezeichnet. Salins' Einfluß ist hier wie auch an mehreren anderen Häusern der Brückhofstraße zu erkennen. Tätig war hier besonders der Maurermeister Johann Heinrich Bell, der sich konsequent an die Vorlagen von Percier und Fontaine hielt.

Seite 133

Schöne Aussicht 17 Ecke Fahrgasse Lit. A III a, b

Gehört zur ersten Bauphase an der Schönen Aussicht. Da das Nachbarhaus Nr. 16 im Jahr 1805 von J. C. Georg Heß und dem Maurermeister Kayser gebaut worden ist, muß dieses vorher oder spätestens zur gleichen Zeit errichtet worden sein. Die abgerundete, mit einer Fensterachse versehene Ecke entspricht nicht dem ursprünglichen Zustand, der rechtwinklig aufeinanderstoßende Wände ohne Fenster und Eingang vorsah. Die Verwendung eines Teils des Erdgeschosses als Geschäftslokal und der Einsatz von Blendbogen über den Fenstern ist einem Umbau in der zweiten Jahrhunderthälfte zuzuschreiben. Da die Brüder Kayser aus der Maurerfamilie in den ersten Jahrzehnten Hausbesitzer waren, ist auch hier eine Urheberschaft wie bei Nr. 16 zu vermuten. (s. S. 136)

Seite 134

Fischerfeldstraße nach Westen

Im Vordergrund die Kreuzung mit der Schützenstraße. Deutlich zu erkennen ist die genaue Orientierung der Fischerfeldstraße auf den Domturm. Die Häuser vorne sind in den frühen zwanziger Jahren des 19. Jahrhunderts errichtet worden, die im Hintergrund stammen aus der frühen Bebauungsperiode nach der Jahrhundertwende. Die weniger gewichtige Situation der Fischerfeldstraße macht sich an der unterschiedlichen Zeile mit drei- und viergeschossigen Häusern und der kargen Fassadenausstattung bemerkbar.

Seite 135

Fischerfeldstraße 18 Lit. A LXXIV

Das Haus war 1811 die östliche Grenze der Bebauung, muß also kurz vorher errichtet worden sein. Die profilierte Ausarbeitung des Gesimses über dem Erdgeschoß sowie die Konsolen über der Einfahrt und die plastische Fassung der Blendbogen sind Zutaten des späten Jahrhunderts. 1834 wurde das Haus von vier Mitgliedern der Familie Flersheim bewohnt, die hier auch den Sitz ihrer Firmen – Wechselhandel und Eisenwaren – hatten.

Seite 135

Schöne Aussicht nach Westen Lit. A VC a, IVC

Die Häuser im Vordergrund gehören zur letzten Phase der Bebauung und müssen in der Bauzeit der Stadtbibliothek, 1823, errichtet worden sein. Architekt ist der Überlieferung nach J. C. Friedrich Heß in Zusammenarbeit mit Maurermeister Kayser gewesen. Bauherr des ersten Hauses war der Bankier Marcus J. Königswärter, Grundstücksvermittler der Plattenhändler Michael Rübenach. 1834 wohnten in dem Haus Bankier Königswärter, der Handelsmann J. F. Finger und der Hofkammerrat G. J. Wüstefeld.

Seite 136

Schöne Aussicht 16 Lit. A XXIX

1805 von J. C. Georg Heß für den Bankier Zacharias Wertheimber gebaut; Ausführender war Maurermeister Kayser. Der Grundriß ist dem Vorbild des französischen Adelshotels verpflichtet, wie es von der Academie royale de l'Architecture geprägt worden war. Das Stiegenhaus folgte der Anlage im Straßburger Palais der Herzöge von Zweibrücken. Nach Napoleons Sturz geriet der Eigentümer in finanzielle Not, das ursprünglich von ihm allein bewohnte Haus wurde in Etagenwohnungen aufgeteilt. Arthur Schopenhauer war in den Jahren 1859–60 Mieter der Parterrewohnung und ist auch hier gestorben.

Seite 137

Schöne Aussicht 6 Lit. A XCIIb

1818–19 gebaut. Die Erben des Maurermeisters J. D. Kayser haben den Bauplatz 1818 an den Maurermeister J. W. Kayser abgetreten. Der Ulrich-Plan II zeigt die Umrisse, fügt aber die Literanummer noch nicht ein. Die Hervorhebung der mittleren vier Achsen durch Pilastergliederung, durchgehende Verdachung mit Zahnschnitt, Fenstergiebel im ersten Obergeschoß sowie Rustizierung des Sockels sind Zutaten der zweiten Jahrhunderthälfte, beweisen aber in ihrer Einfühlsamkeit, wie stark der Charakter des Fischerfeldklassizismus seine prägende Kraft bewahrte. Vorbild war die Wandbehandlung im Obergeschoß vom Haus Schöne Aussicht 16.

Seite 137

Hinter der Schönen Aussicht

Die Häuser der linken Straßenseite gehören zu den Grundstücken der Schönen Aussicht und haben die gleichen Besitzer wie die Vorderhäuser zum Kai hin. Als profane Nutzbauten wurden sie ohne architektonischen Aufwand entworfen und schlossen die geräumigen Wirtschaftshöfe an der Sackgasse ab. Die Häuser linkerhand sind vor 1819 komplett fertig gewesen, ebenso die Mietshäuser rechts, abgesehen von den dreien im Vordergrund. Die Grundbücher weisen aus, daß vor allem Angehörige des Bauhandwerks als Bauherren aufgetreten sind und die fertigen Häuser sogleich verkauft haben; häufig ist der Zimmergeselle Johann Philipp Preiß vertreten.

Seite 144

Neue Mainzer Straße 44 Lit. E 11 b

Adolf Feulner gibt Philipp Jacob Hoffmann als den Architekten an. Das Haus wurde um 1810 für den Ratsherrn J. Conrad Beyerbach gebaut, der es samt Nebengebäuden 1816 an seinen Schwiegersohn, den 1809 aus Düsseldorf zugezogenen Handelsmann Johann Matthäus Aubin, überschrieb. Dieser hatte schon 1812 unter dieser Adresse »am St. Gallentor« firmiert. Seine Witwe verkaufte 1825 das Anwesen dem Bankier Johann Friedrich Metzler, der im Jahr darauf vom Roßmarkt hierher übersiedelte und unter der Adresse Große Gallengasse 18 residierte.

Seite 145

Neue Mainzer Straße 53 Lit. E XI

1809 von J. C. Friedrich Heß gebaut (laut Angabe von Feulner und Dehio). Ursprünglich ein neunachsiges Wohnhaus, Bauherr war Gasthalter Johann Friedrich Lippert, der sich zehn Jahre vorher von Salins den Englischen Hof am Roßmarkt hatte bauen lassen. Die dreiflügelige Anlage war auf dem Ulrich-Plan 1811 schon in gleicher Größe verzeichnet, so daß außer dem Mitteltrakt die beiden Seitenflügel gestanden haben müssen, einstöckig wie bei Hochstraße 24. Lippert verkaufte das Anwesen dem Freiherrn Alexander Vrints von Berberich, dieser trat es an Carl von Vrints-Treuenfeld ab (Grundbucheintragungen 1819). Dahl gibt an, Salins habe für Vrints die Innenausstattung besorgt. 1829 verkaufte Vrints-Treuenfeld Haus und Garten dem Städelschen Kunstinstitut. Friedrich Heß und Maximilian Hessemer erweiterten das Haus und bauten es für Museumszwecke um. 1833 als Gemäldegalerie eröffnet. 1878 von der Polytechnischen Gesellschaft übernommen, die das Kunstgewerbe-Museum darin unterbrachte. Im Mitteltrakt gab es einen dreiachsigen Mittelrisalit nach der Gartenseite zu mit drei Türen nach der Freitreppe hin, Bogenblenden über den Fenstern im ersten Obergeschoß und Frontispiz über dem Attikageschoß.

Seite 146

Neue Mainzer Straße 33–35 Lit. E XIV c

1833 von Friedrich Rumpf gebaut. Ludwig Daniel Philipp Rumpf hatte 1832 den Platz von der Stadt gekauft und ihn 1833 seinem Sohn Friedrich abgetreten. Dieser verkaufte 1834 zwei miteinander verbundene Häuser samt Garten an Peter Carl Grunelius, Associé des Bankhauses Grunelius u. Co. Letzter Eigentümer war die Deutsche Effekten- und Wechsel-Bank.

Seite 146

Neue Mainzer Straße 9 Lit. J V–VI

1823–24 von Friedrich Rumpf gebaut. 1820 verkaufte das Schneidwall-Consortium dem Bankier Theodor Mülhens zwei Bauplätze mit einem kleinen Gartenhaus. 1825 trat das Bankhaus Mülhens erstmals unter dieser Adresse auf. Firmensitz und Wohnung bis 1841. 1842 zog Gräfin Emilie von Reichenbach-Lessonitz, geb. Ortlepp, die zweite Frau von Kurfürst Wilhelm II. von Hessen, hier als neue Eigentümerin ein. (Sie hatte bis 1838 das Rote Haus, Zeil D 25, bewohnt, es in diesem Jahr an Maximilian Carl von Thurn und Taxis verkauft und das Haus E IXb, Neue Mainzer Straße, von dem Wagnermeister Georg Friedrich Hofmann übernommen.) Gräfin Reichenbach lebte mit Wilhelm II. bis zu ihrem Tod 1843 in dem Mülhens-Haus. Der Kurfürst heiratete noch im gleichen Jahr Caroline von Berlepsch, später Gräfin von Bergen genannt. Er starb 1847, und das Haus, nunmehr Neue Mainzer Straße 1, behielt die Witwe bis 1855. Das Haus wurde vom britischen Gesandten übernommen, der es bis 1857 innehatte und es dann dem russischen Gesandten überließ. Dieser residierte hier bis 1860. Als Eigentümer trat aber schon 1858 Felix Jordan, Privatier ohne Bürgerrecht, auf, 1859 der Handelsmann Adrian Felix Jordan, der sich von 1860 an Jordan de Rouville nannte und ein Bankgeschäft in diesem Haus eröffnete. Letzter Eigentümer war die Stadt Frankfurt.

SEITE 147

Durchbruch Hochstraße Lit. D VII

Öffentlicher Durchgang zwischen Hochstraße 22 und 24. Er wurde als Verbindungsweg zwischen »Im Trutz« und Kastenhospitalgasse (später Börsenstraße) quer durch die Promenade angelegt, nachdem eine Spendenaktion interessierter Bürger 1869 den finanziellen Grundstock geschaffen hatte, damit das nötige Terrain von der Liegenschaft Klotz (Hochstraße 24) angekauft werden konnte.

SEITE 147

Hochstraße 16–18 Lit. D VIIb, b^1

J. C. Friedrich Heß um 1835. Laut Grundbuch hat der Verleger Markus Johann Nebbien die Grundstücke D VII b und b^1 an den Zahnarzt Dr. Anton Joseph Frey verkauft, das Grundstück D VII d an Stadtbaumeister Heß. 1837 verkaufte Heinrich Goll-Platzmann das Haus D VII b an Philipp Bernhard Andreae. Zwischen diesen Besitzerwechseln muß die Bauzeit liegen. Da das Nachbarhaus zu diesem Doppelhaus von Friedrich Heß entworfen worden ist und beide vollkommen Heß' Auffassung der dreißiger Jahre entsprechen, darf es als sicher gelten, daß Heß auch hier als Planleger aufgetreten ist. Andreae, seit 1841 in D VII b wohnhaft, war von seinem Haus an der Bockenheimer Chaussee XIV 3 b^1 hierhergezogen und gab zur gleichen Zeit der sächsischen Gesandtschaft darin eine Mietwohnung ab. Die Familie Andreae verkaufte das Haus 1867 dem preußischen Staat, der bis zur Zerstörung im 2. Weltkrieg Ämter darin unterbrachte. Haus D VII b^1 (Nr. 16) ging von Dr. Frey an die Familie Hauck, die es gegen Ende des Jahrhunderts ebenfalls dem preußischen Staat verkaufte.

SEITE 148 UND 149

Hochstraße von Osten

Rechterhand Nr. 8 und 10, Lit. D VI und VII d. Um 1835 von J. C. Friedrich Heß. Heß kaufte 1835 Grundstück D VII d vom Verleger Nebbien, baute das Haus und bewohnte es bis 1840 selbst. (1834–35 wohnte er Neue Mainzer Straße E XVIII b.) Es ging 1840 nebst Hof, Nebengebäuden, Garten und Zubehör an den bayerischen Gesandten von Mieg. Nach dessen Tod übernahm es 1842 Freifrau Louise Marie Katharina Rozier des Bordes, geborene Brentano (1837–1841 Neue Mainzer Straße E X 1). Heß behielt eine Hypothek von 40000 Gulden darauf.
Das Haus Nr. 8, Lit. D VI, aus einem kleineren, schon aus dem zweiten Jahrzehnt stammenden Bau hervorgegangen, ist wenige Jahre vor Nr. 10 errichtet worden und gehörte dem Handelsmann Julius Baumann. Es bekam später die schweren Segmentgiebel über den Fenstern im ersten Obergeschoß, die in den dreißiger Jahren noch nicht üblich waren.

SEITE 150 UND 151

Hochstraße 24 Lit. E I

Von J. C. Friedrich Heß um 1815 gebaut. Der fünfachsige Mitteltrakt ist auf dem Ulrich-Plan I im Grundriß schon verzeichnet, der Plan II zeigt dann auch die Seitenflügel. Die Art, den Mittelbau um ein Stockwerk über die Seitenflügel zu heben, ist für Friedrich Heß bereits am Haus Lippert in der Neuen Mainzer Straße zu belegen. Der rechte Seitenflügel ist erst später aufgestockt worden, der Giebel mit der gesprengten Basis kam erst in den dreißiger Jahren auf. Laut Grundbuch hat Friedrich Heß Haus und Garten 1824 an den Handelsmann Johann Karl Klotz verkauft. Dieser ist aber schon seit 1815 hier ansässig gewesen. Verspätete Protokollierung von Eigentumsübertragungen waren keine Seltenheit.

Seite 152 und 153

Bleichstraße 70–72 Lit. D V–V a

1836 von Friedrich Rumpf. Die von Dehio angegebene Datierung »um 1830« kann nicht stimmen, denn die Situation auf dem Ulrich-Plan 1832 ist mit dem späteren Zustand nicht identisch: beide Grundstücke waren zwar bebaut, doch standen die Häuser D V und D V a weit voneinander getrennt, und der Grundriß von D V a stimmt nicht mit dem späteren Doppelhaus überein. 1835 hat Fr. Rumpf das kleine Haus D V aus dem Jahr 1817 samt Garten von dem Bildhauer Johann Valentin Tüchert gekauft und im gleichen Jahr von der Stadtkämmerei einen Teil der Wallböschung (333 Quadratschuh) erworben, der zu D V geschlagen wurde. Tücherts Neffe, der Bildhauer Krampf, wohnte zu dieser Zeit noch in dem Haus. 1837 nannte der Frankfurter Staatskalender Lit. D V als neuhinzugekommenes Haus. Rumpf wohnte 1841 selbst darin; in D V a, dem anderen, größeren Teil des Doppelhauses, waren die braunschweigische und hannoversche Gesandtschaft untergebracht. Erst 1844 ist Georg Leberecht Anton Friedrich von Guaita unter D V a nachzuweisen, dessen Familie es bis 1889 behielt. Aus dieser Zeit stammt die überlieferte Bezeichnung »Landhaus Guaita«. Letzter Besitzer bis zur Zerstörung im 2. Weltkrieg war die Constantin-Handelsgesellschaft. Der letzte Zustand des Hauses entsprach nicht der ursprünglichen Anlage Rumpfs. 1864 fehlte noch das dritte Obergeschoß, und Nr. 70 war insgesamt niedriger als Nr. 72, wie der Plan von Delkeskamp beweist.

Seite 153

Bleichstraße 31 Lit. C VII

1833. Dr. C. P. H. Pfefferkorn hat 1832 den Platz C VII gekauft und wohnte 1834 in dem Haus darauf.

Seite 153

Bleichstraße 56 und 54 Lit. D III c², c¹

Um 1840. An Stelle einer schmalen, langgestreckten Häuserzeile D III wurde für den Weinhändler Johann Heinrich Meidinger (c²) und den Arzt Dr. Wilhelm Friedrich Stricker (c¹) dieses Doppelhaus, ohne Brandmauer dazwischen, gebaut. – Erhalten.

Seite 154

Bleichstraße 23 Lit. C VII b

Zwischen 1834 und 1839. Der Maurermeister Johann Georg Zehe kaufte 1834 den Platz in der Größe von 3377 Quadratschuh. Das Handelsadreßbuch 1839/40 nennt ihn erstmals unter dieser Adresse. 1841 trat er das Haus an den Weinhändler Carl Christian Ruland ab, dieser 1853 an den Häfnermeister Johann Daniel Capitain.

Seite 155

Bleichstraße, östlicher Eingang Lit. C X, XI, XII b

Die Nummern 20, 18, 16 und 14. Gebaut kurz vor 1840. Dieser Teil der Bleichstraße östlich des späteren Durchbruchs Petersstraße ist bis zum Ende der dreißiger Jahre des 19. Jahrhunderts noch unbebaut gewesen. Erst 1840 sind C XI und C XII b (Nr. 19 und 16) als Wohnhäuser gemeldet, ein Jahr darauf auch die anderen. Bauherrn waren Maurermeister Ferdinand August Kayser, Tapezierermeister Adolf Eduard Moritz Zierschky und Handelsmann Elias Ullmann. Erste Mieter in Nr. 18: Rentier Grimston, Particulier Charles Herbert und Pferdeverleiher Georg Daniel Kessler. Bis auf das Doppelhaus C XII a und b in der Straßenbiegung sind alle Grundstücke dieser Zone ungeteilt geblieben, ein Beweis für den minder lebhaften Immobilienwechsel gegenüber den westlichen Wallstraßen. – Teilweise erhalten.

Seite 156

Seilerstraße, Sackgasse Lit. B XVII

1854 kauften Zimmermeister Johann Wilhelm Renck und Schlossermeister J.C.A. Sauerwein Haus B XVII und den dazugehörigen Zimmerplatz von der Zimmermeisterswitwe Heinrich Martin Warmbrod, führten ohne behördliche Genehmigung von der Seilerstraße aus eine Sackgasse zu dem in fünf Parzellen geteilten Gelände und begannen im gleichen Jahr fünf Häuser – – Lit. B XVII a, b, c, e, f – zu errichten. Am 15. 11. boten sie der Stadt die gepflasterte Straße, 25 Fuß breit und 170 Fuß lang, zur unentgeltlichen Übernahme an. Im Weigerungsfalle wollten sie die Gasse mit einem Tor abschließen und dahinter einen englischen Garten anlegen. Im Mai 1855 wurden die fünf Häuser als bezugsfertig gemeldet. 1857 ist noch ein sechstes dazugekommen, so daß nun je drei Häuser die Sackgasse flankierten als Seilerstraße 4, 6, 8, 10, 12 und 14. Das Bauamt zögerte mit der Übernahme der Sackgasse, die Hausbesitzer drängten weiter. Schließlich überschrieben Renck und Sauerwein die Sackgasse dem Senator Fellner, einem der sechs Anlieger. Er sorgte dafür, daß die Stadt 1863 übernahm.

Der Entwurf Rencks hielt sich genau an den Typus des Gartenhauses der Wallzone und nahm als Zugeständnis an die Vorliebe für Renaissance allenfalls die schweren, profilierten Fensterverdachungen im ersten Obergeschoß auf. Die Anlage des Balkons auf vier kanellierten Pfeilern, vgl. Hochstraße 24.

Seite 156

Seilerstraße, BethmannsMuseum – Cafe Milani
Lit. C III

Erster reiner Museumsbau in der Stadt, bestimmt für die Sammlung von Abgüssen antiker Statuen, die sich Simon Moritz von Bethmann in Paris hatte machen lassen, sowie für die Marmorplastik »Ariadne auf dem Panther reitend« von Johann Heinrich von Dannecker, deren Kauf sich Bethmann 1810 vertraglich sicherte. Dannecker avisierte das Werk am 27. 3. 1814 als versandbereit und schickte am 4. 4. 1814 mit den Vorschlägen zum Transport die Zeichnung zu einem Tempel für die Ariadne »im Winterabend gedacht«. »Ich dachte mir eine Rotunde wie viele antike Tempel von Backstein gebaut, in der Mitte die Ariadne, vier Fenster seyn an demselben, oben unter der Kuppel, zu ihrer Beleuchtung, so daß das eine gegen Norden das Licht allein gibt, die drei übrigen mit einem ponceauroten dichten Vorhang bedeckt werden, um einen schönen Reflex auf das Bild zu erhalten. In Florenz sahe ich auf diese Art die Venus von Medicis beleuchtet, und ich gestehe, daß ich nie eine schönere weichere Beleuchtung in meinem Leben gesehen habe, selbst die vielen Flecken dieses göttlichen Bildes sahe ich damals nicht.«. Am

7. 8. 1814 meldete Dannecker, daß auch das drehbare Gestell für die Plastik fertig sei. Die Überführung zog sich jedoch hinaus, da der Museumsbau noch nicht fertig war. Erst am 16. 6. 1816 ging die Ariadne von Stuttgart nach Frankfurt auf die Reise. Die Bauzeit muß also in den Jahren 1814 bis 1816 liegen. Es ist ungewiß, ob Dannecker bei Abfassung seines Tempelvorschlags noch nichts von Bethmanns eigenen Architektenplänen wußte oder ob solche noch nicht vorlagen. In der Chronik »Simon Moritz von Bethmann und seine Vorfahren« wird das Museum auf 1812 datiert: das könnte sich allenfalls um die Zeit der Planlegung handeln. Der Architekt jedenfalls ist nicht genau faßbar. Jung-Hülsen erklären, er sei nicht mehr zu ermitteln, Feulner nennt den Namen A. F. Kayser (Erbauer des Stadtgerichts 1822), Dehio spricht von Johann Georg Kayser (ein Architekt dieses Namens hat an einem Bethmann-Museum mitgewirkt, doch handelte es sich dabei um das Ariadneum von 1855). Feulners Hinweise dürften die größte Wahrscheinlichkeit für sich haben, denn die Baumeister der Sippe Kayser hatten schon zu Anfang der klassizistischen Periode an repräsentativen Vorhaben wie den Reformierten Kirchen und dem Schweitzerpalast mitgewirkt und zeichneten sich durch eine penible Befolgung französischer Vorlagen aus.

Im Zuge der Angliederung des großen Bethmannschen Gartens in den Bereich der öffentlichen Anlagen ging das Museum 1853 mitsamt dem Areal an die Stadt über, die Plastiken wanderten in das Landhaus Bethmann, Friedberger Landstraße 10. Der Cafetier Christian Joseph Milani wandelte den Museumspavillon in eine Gaststätte um. In dieser Funktion, als »Odeon« existiert das Haus noch heute. (Baubeschreibung und Risse in »Die Baudenkmäler in Frankfurt am Main«, Bd. III, S. 243.)

Seite 157

Lange Straße 26 Lit. B XIII

Zwischen 1815 und 1819 ist das Haus, das nördlich an das Allerheiligentor grenzt, auf dem Platz eines ehemaligen Kohlenlagers gebaut worden. Die reiche Gliederung der Mittelachse, vor allem die profilierte Verdachung des rundbogigen Mitteltores, entspricht nicht dem ursprünglichen Aussehen. 1850 im Besitz des Handelsmannes Moritz Löb Getz, 1890 des Kaufmännischen Vereins.

Seite 157

Lange Straße 13 Lit. A IC a^1, Ca

Vor 1819 gebaut. Das Zwerchhaus, das den ausgeglichenen Eindruck des Baukörpers empfindlich stört, ist einem späteren Ausbau zu danken, da solche Dachformen im Statut von Georg Heß untersagt waren. 1841 im Besitz des Wechselmaklers Salomon Amschel Schnapper, wohnhaft außerdem der Handelsmann Moritz Ellissen.

Seite 157

Lange Straße 35 Lit. B XI

1810 wurde das Grundstück ersteigert und in einem der folgenden Jahre bebaut. 1817 verkaufte Handelsmann Martin Meyer Vorder- und Hinterhaus dem Gastwirt Johann Friedrich Schmidt (Englischer Hof). Als dieser in Konkurs ging und die Stadt verließ, ersteigerte Handelsmann Jacob Baruch am 24. September 1822 als Meistbietender das Anwesen und bat den Senat drei Tage später um Genehmigung dafür mit dem Hinweis, daß in der selben Gegend viele Israeliten schon Häuser besäßen. (M. Halle, M. Emden u. Oppenheimer, D. Seidel und E. L. Ellissen). Genehmigt am 10. Oktober 1822. Nach Baruchs Tod 1827 übernahmen seine Söhne

Simon und Philipp Jakob den Besitz unter der Bedingung, daß ihre Mutter lebenslang freie Wohnung darin habe. Jeder der beiden führte in dem Hause einen eigenen Wertpapierhandel. 1848 nahmen sie beide den Dichternamen ihres verstorbenen Bruders Ludwig an und nannten sich fortan Börne.
Die Fassade mit den Blendbogen über der Fensterzone des ersten Obergeschosses, der giebelgekrönte Hauseingang und das Zwerchhaus sind spätere Veränderungen, ebenfalls die Schaufenster im Erdgeschoß.

Seite 158

Große Eschenheimer Straße 74 Lit. D 158

1802 kaufte der Bankier Heinrich Mülhens für 52000 Gulden aus Günderrodeschem Besitz das Eckhaus Zum Fischborn und gab Salins de Montfort in gleichen Jahr den Auftrag, an die Stelle des abzubrechenden alten Gebäudes ein repräsentatives großes Wohnhaus zu bauen. Beginn 1803. Gehörte zu den immer wieder genannten Beispielen hervorragender Architektur in Frankfurt. Freiherr vom Stein verbrachte die Wintermonate während seiner Frankfurter Zeit 1816–24 im Haus seines Freundes Mülhens. 1845 ging das Anwesen für 120000 Gulden an Franz Joseph Borgnis. Dieser ließ 1848–49 den Erzherzog Reichsverweser hier residieren. 1852 bat der neu gegründete Bürgerverein den Senat, das Haus erwerben zu dürfen. Borgnis bekam dafür 130000 Gulden. Der Verein richtete für seine Mitglieder, Bürger mittleren Standes, Gesellschaftsräume ein. Gegen Ende des Jahrhunderts wurde durch den Architekten Günther an der Ecke zum Eschenheimer Turm ein Rundbau angefügt und eine zweite, neue Fassade nach der Stiftstraße im Stil Salins. Nach Auflösung des Bürgervereins durch den Nationalsozialismus wurde die Stadt Frankfurt Eigentümer. (Baubeschreibung und Grundriß bei Dahl, S. 48ff.; Colombier, S. 221ff.)

Seite 164

Im Trutz 1 Gew. XI 43c, d

Ein schon 1832 vorhandenes Haus mit der Front zur Bockenheimer Anlage wurde in den späten sechziger Jahren aufgestockt und nach Norden hin erweitert, so daß die Hauptfront nach der Straße Im Trutz zu liegen kam.

Seite 165

Taunusanlage 15 Gew. XV 8, 10c, 11b

1851 kaufte der Handelsmann Benedikt Heyum Goldschmidt das Grundstück XV 11b samt Gebäuden von Georg Friedrich Böhler, Textilwarenfabrikant, der seit 1849 hier gewohnt hatte. 1852 ist Goldschmidt hier wohnhaft. 1857 kauft Goldschmidt Parzelle 10c vom Gärtnereigelände Jacob Rinz' hinzu. Heute im Besitz der Bank für Gemeinwirtschaft.

Seite 166 und 167

Leerbachstraße Ecke Bockenheimer Anlage

Das Eckhaus links ist vom Eigentümer, Bankier Lazarus Joseph Speyer, in den siebziger Jahren in die vorliegende Form mit der Rundlösung der Ecke gebracht worden. (Nach dem 2. Weltkrieg wegen eines Geschäftsneubaus abgerissen). Das Eckhaus rechts war 1871 Neubau des Kaufmanns Georg August Wahlig als Bockenheimer Anlage 38. – Erhalten.

Seite 168, 169 und 178

Bockenheimer Anlage 4 Gew. XI 1f

Der Maler Moritz von Schwind, seit 1844 für das Städelsche Kunstinstitut in Frankfurt tätig, bat am 11. 4. 1845 den Senat, als K. u. K österreichischer Untertan das Grundstück 1f im Gewann XI kaufen zu dürfen, da er darauf ein Haus »von mäßiger Größe« bauen wolle. Es wurde ihm unter der üblichen Bedingung, keinen Gewerbebetrieb darin zu etablieren, gestattet. Der Entwurf soll von ihm selbst stammen. 1846 hat er das Haus bezogen, das ursprünglich nur vier Achsen hatte. Der Anbau um zwei Achsen links wurde erst später im gleichen Stil ausgeführt. – Erhalten.

Seite 170

Eschenheimer Anlage 10
Gew. V 21e, 38, 39, 40, 41a¹, b, 42a, b

1841 erstmals als Wohnhaus genannt »vor dem Friedberger Tor«. Umbau in den sechziger Jahren für die Buchhändlerfamilie Oswalt. Letzter Eigentümer bis zur Zerstörung im 2. Weltkrieg war das Deutsche Rote Kreuz, das Personalwohnungen darin unterbrachte.

Seite 171

Eschenheimer Anlage 15
Gew. IX 87c¹, d, 115c, d, 116, 117a, 151a

Erstmals 1849 als bewohnt nachzuweisen, Eigentümer F.T.F. Roques. – Erhalten.

Seite 172

Eschenheimer Anlage 34 Gew. IX 260a, 261, o¹.

1881 Neubau für Georg Philipp Clemens Maximilian von Guaita.

Seite 172

Eschenheimer Anlage 22 Gew. IX 246a, b, 247a

An Stelle zweier kleinerer, seit 1841 nachzuweisender Häuser Mitte der siebziger Jahre errichtet.

Seite 173

Eschenheimer Anlage 28 Gew. IX 256a, c, 257a

Der Delkeskamp-Plan von 1864 zeichnet das Haus bereits auf, das kurz vorher im maurischen Stil anstelle eines anderen Hauses errichtet worden war. Einer der ersten Bewohner war 1864 der Bankier Benedikt Moritz Goldschmidt. – Erhalten.

Seite 174

Friedberger Anlage 17 Gew. IV 116b

Nachweisbar 1857 als Wohnhaus des Handelsmanns Meyer Stern.

Seite 175

Taunustor

1849 von Stadtbaumeister Karl Friedrich Henrich entworfen. Wie dessen Bau am Fahrtor folgten die beiden Wachhäuser in der Benutzung von zweierlei Werksteinen dem Vorbild von Stülers Börse. (Wolff-Jung, II. Bd., S. 130.)

Seite 176

Hofstraße 4 Lit. J V–VI

Dependance zu Neue Mainzer Straße 9, um 1840 im gleichen Stil wie der Hauptbau errichtet, wobei Geschoßhöhe und Gesimse angepaßt wurden. Von 1840–43 residierte hier die belgische Gesandtschaft beim Bundestag; dann war das Haus Teil der kurfürstlich hessischen Residenz. Nach deren Aufgabe 1855 durch die Gräfin von Bergen nahm das Haus Hofstraße 4 für zwei Jahre das Mädcheninstitut Felicie Schalck de la Faverie auf.

Seite 176

Hofstraße, Gartenhaus Lit. J V/VI

Gehörte zu dem Grundstück Neue Mainzer

Straße 9; Bild ist von der Gartenseite aus aufgenommen. Errichtet in den vierziger Jahren an der Stelle zweier kleiner, nicht zusammenhängender Gartenhäuser. Nur die Art der Maueröffnungen und der Dreiecksgiebel entsprechen noch der ursprünglichen Anlage.

Seite 177

Friedberger Landstraße 10, Ariadneum

1853 von Oskar Pichler für die Familie v. Bethmann entworfen. Der kleine Rundbau, dem antiken Turm der Winde ähnlich, diente als neue Unterkunft für Bethmannschen Kunstbesitz, besonders für Danneckers Ariadne, nachdem der bisherige Museumsbau an die Stadt verkauft worden war (vgl. Cafe Milani). Am 2. 2. 1855 meldeten die »Frankfurter Nachrichten«: »Dies Museum, das nun bald dem Publikum geöffnet wird, entspricht im Innern ganz seiner äußeren Großartigkeit und Einfachheit, und obgleich noch nicht dekoriert, ist es ein Museum im wahren Sinne des Wortes«. Allerdings wurde es dem Architekten Johann Georg Kayser zugeschrieben, während die Urheberschaft Oskar Pichlers seither in der Literatur niemals angezweifelt wurde.

Seite 184 und 185

Bockenheimer Landstraße 10
Gew. XI 156, 157, 161 a, b, 164–167, 170–188

Aussehen und Herkunft des fünfachsigen Mittelbaus liegen im Dunkeln. Auf dem Ulrich-Plan von 1811 ist er grundrißmäßig belegt, jedoch bei der Aufzählung von Landhäusern an der Bockenheimer Chaussee im ersten Jahrzehnt nicht. Erst mit Übernahme durch die Familie Rothschild wurde er in die Zahl nennenswerter Gebäude eingereiht. Diese wird mit einem Antrag vom 17. 6. 1816 urkundlich, worin der Senat gebeten wird, nachträglich zu genehmigen, daß die Vermögensadministration und Nachlaßverwaltung der verstorbenen Frau Schöff Anna Margareta von Riese, geb. Röschel, den Garten im Gewann XI, 161 a und b an Amschel Mayer Rothschild verkaufen dürfe. (Johann Pr. von Riese, geb. 1745, letztmals als Senatsmitglied 1809 erwähnt, vorher Schöffe in der Reichsstadt gewesen, Freund Goethes, Vorbesitzer der Grüneburg). Der Kaufpreis beträgt 37551 Gulden, 15 Kreuzer. Das Ackergericht hatte die Eintragung abgelehnt, der Senat stimmt am 23. 7. 1816 dem Verkauf zu. 1818 beginnt Rothschild, das Grundstück durch Zukäufe von Feldgütern, Wiesen, Pfaden und Krautäckern zu vergrößern und zu arrondieren. Bis 1840 sind in den Senatsakten rund achtzig Käufe kleiner und mittlerer Grundstücke durch Rothschild verzeichnet. Die gezahlten Preise betrugen manchmal das Doppelte des ortsüblichen Grundstückswertes. 1837 kaufte Amschel Mayer v. Rothschild auch Gelände zwischen Ober- und Unterlindau und ließ später die Orangerie errichten.

1829 genehmigte der Senat den Anbau zweier dreiachsiger Flügel an das Gartenhaus unter der Bedingung eines nicht schrotmäßigen Kellers (d. h. eines nicht gewerblicher Nutzung als Waren- und Weinlager bestimmten Kellers ohne große Öffnungen zum Einladen über Schrotleitern). Architekt war Friedrich Rumpf. 1844 hat Rothschild ohne Bauamtserlaubnis ein neues Dach auf die Gärtnerwohnung setzen lassen, drei Mansardenzimmer eingerichtet, vier Säulen vor die Fassade nach dem Garten hin errichtet; er wurde gemeinsam mit Zimmermeister C. C. Weigenand und Maurermeister J. Trostbach vom Senat mit einer Strafe von 225 Gulden belegt, die Handwerker beriefen sich darauf, auf Geheiß von Architekt Rumpf gehandelt zu haben.

1870/71 entwarf Architekt Richard Dielmann den großen Nordbau mit Tanzsaal am Mitteltrakt des Palais. Die zwei zweiachsigen Außenflügel stammten von Franz von Hoven, der sie genau Rumpfs Flügelbauten anpaßte.
Palais und Park blieben bis zur Zwangsenteignung durch die Stadt Frankfurt im Besitz der Familie Rothschild. Der letzte Inhaber, Baron Max von Goldschmidt-Rothschild, starb hier während des 2. Weltkriegs. Die Stadt hat während dieser Zeit eine Abteilung des Museums für Kunsthandwerk in dem Gebäude untergebracht.

Seite 186

Bockenheimer Landstraße 18   Gew. XI 241 a, 242 a

Neubau 1879 für Handelsmann u. Konsul Jacob Gerson auf den durch Umsiedlung des Zoologischen Gartens freigewordenen Plätzen.

Seite 187

Bockenheimer Landstraße 20   Gew. XI 242 d

Neubau 1875. Bauherr war der Kaufmann J. F. Majer. Auch er benutzte Gelände des ehemaligen Zoologischen Gartens.

Seite 188 und 189

Bockenheimer Landstraße 42
Gew. XI 250, 251, 252, 253 b, c

Entwurf von Salins de Montfort für Friedrich Jacob Gontard, dessen Familie 1795 den Garten gekauft hatte. Im Erbgang später an die Familie Passavant, die das Sommerhaus in den achtziger Jahren als ständigen Wohnsitz einrichtete. Die Fassade zeigt im wesentlichen den Zustand der Ursprungszeit. Im Besitz der Familie Passavant bis 1944, dann Stadt Frankfurt. (Baubeschreibung und Risse in Dahls Salins-Schrift, S. 25 ff.; Colombier, 2. Bd. S. 219; Rose, S. 185; spätere Geschichte in Passavants Familienchronik.)

Seite 190

Bockenheimer Landstraße 96   Gew. XIII 21 b

1855 erstmals genannt als Haus der Witwe des Lotteriekollekteurs Johann Georg Kämel, damals Haus Nr. 32.

Seite 191

Bockenheimer Landstraße 120   Gew. XIII 24

1866 erstmals erwähnt als Nr. 50. Eigentümer der Kaufmann Georg Kissel (vormals Manchester).

Seite 192

Palmengartenstraße 10–14   Gew. XIII 21 k, l, m, n

1873 gebaut. Eigentümer waren Philipp Holzmann und Henry Flegenheim.

Seite 193

Bockenheimer Landstraße 106
Gew. XIII 21 c, 22 c

1864 erstmals erwähnt als Nr. 42. Eigentümer Kaufmann Franz Gottschalk.

Seite 194

Bockenheimer Landstraße, Ecke Ulmenstraße

Villa Berna-Brentano, gebaut von J. C. Friedrich Heß um 1825. Die Zeichnung von Anton Heinzelmann (im Besitz des Historischen Museums) stammt aus dem Jahr 1829. Der Bauherr, Karl Berna-Brentano, war 1819 aus Lyon nach Frankfurt zurückgekommen.

SEITE 194

Stadtmünze, Münzgasse 20

1839 von Friedrich Heß gebaut. Gegen Ende des 19. Jahrhunderts abgerissen. (Zeichnung im Historischen Museum.)

SEITE 200

Staufenstraße, Orangerie Rothschild
Gew. XI 218–238

Die Überlieferung nennt Friedrich Rumpf als Architekten, der letzte Besitzer, Max von Goldschmidt-Rothschild, gibt Oskar Pichler an. Stilistisch trägt der Bau eindeutig Züge von Rumpf. Gehörte zum Gelände des Rothschildschen Gartens zwischen Ober- und Unterlindau und muß in den vierziger Jahren errichtet worden sein. 1856 stellte Wilhelm Karl v. Rothschild, der Nachfolger Amschel Mayer v. Rothschilds, beim Senat den Antrag, das Grundstück XI 218–238c samt Gewächshaus an der Oberlindau mit einer Mauer einfrieden zu dürfen.

SEITE 201

Siesmayerstraße 15

1871 erstmals genannt als Haus des Rentiers Conrad Daniel Gustav Kling (Bockenheimer Landstraße 98).

SEITE 202

Im Trutz 7 Gew. XI 51

1869 für den Tapezierermeister Johann David Giese gebaut.

SEITE 203

Grüneburgweg 6 Gew. XII 1 h

1868 erstmals nachzuweisen, Bewohnerin Wwe. Sophie Sternenberg.

SEITE 204

Grüneburgweg 73 Gew. 367

Erstmals 1871 erwähnt, Eigentümer Tapezierermeister Ludwig Daniel Philipp Schmidt-Rumpf.

SEITE 205

Wiesenau 19 Gew. 340a⁵, 348

1874 erstmals genannt, Eigentümer Wwe. Caroline Favre. Die Straße Wiesenau wurde 1869 neu erschlossen.

SEITE 206

Westendstraße 42 Gew. XV 45c

1875 erstmals erwähnt, Bauherr Dr. C. Ph. E. Diehl. Bewohnt von vier Familien. – Erhalten.

SEITE 206

Kettenhofweg 44 Gew. XIV 3 f

In den fünfziger Jahren gebaut. Ein Bewohner, der Maler Wunibald Chr. Angilbert Göbel, nahm hier 1858 seinen Lehrer Gustave Courbet auf, nachdem diesem im Städelschen Kunstinstitut das Atelier aufgekündigt worden war. In diesem Hause hatten später auch Viktor Müller und Wilhelm Busch ihre Ateliers.

SEITE 206

Kettenhofweg 19 Gew. XV 5a

An Stelle eines kleineren Einfamilienhauses aus den dreißiger Jahren wurde Mitte der sechziger Jahre ein vierstöckiges Mietshaus als Nr. 17 für den Handelsmann Johann Hermann Sternberg gebaut. 1868 bereits von sechs Familien bewohnt.

Seite 207

Westendstraße 43 Gew. XV 190a, 191c

1868 bezogen. Bauherr war Bankier Georg Rittner, Architekt vielleicht Fritz Kayser, der in der Nachbarschaft Häuser in der gleichen stilistischen Haltung errichtet hat.

Seite 208 und 210

Taunusplatz, Niddastraße 18 Gew. XVI 10d

Um 1853 gebaut für Professor Dr. Georg Ludwig Kriegk, der es 1869 dem Advokaten Dr. Rudolf Pfefferkorn verkaufte.

Seite 209

Feuerbachstraße 13 Gew. XIV 86, 87

Der erste Nachweis stammt aus dem Jahr 1871 als Wohnhaus von Konsul Eduard Müller.

Seite 211

Niddastraße 12 Gew. XVI 10g, f

1858 von Kaufmann Carl Hieronymus Borgnis bezogen. Damals Taunusplatz Nr. 8. Spätere Eigentümer Fabrikant E. H. Flinsch und das Günderrode-Closesche Damenstift. – Erhalten.

Seite 212

Niddastraße 9 Gew. XVI 11f, g, 14e

1857 erstmals nachzuweisen als Taunusplatz Nr. 3, Haus des Handelsmanns Georg Friedr. Bernhard Belli. Letzter Eigentümer war die Deutsche Reichsbank.

Seite 213

Niddastraße 8 Gew. XVI 10j

Ab 1864 nachzuweisen als Wohnhaus der Witwe des Kaufmanns Isaac Lekisch Aub.

Seite 213

Niddastraße Ecke Weserstraße Gew. XVI 31l

Vor 1860. 1858 ist der Handelsmann Friedrich August Hermann Osterrieth hier ansässig gewesen.

Seite 214

Brentanoplatz Gew. XIV 4d, 5b, b¹

Erster Nachweis 1876 als Wohnhaus des Fürsten zu Ysenburg und Büdingen-Wächtersbach. Ab 1886 war der Rentier Frank Livingston Eigentümer. Die Brentanostraße wurde 1869 neu erschlossen und zu bebauen angefangen.

Seite 215

Ulmenstraße 45 Gew. XIV 3m

1868 erster Nachweis als Mietshaus, in dem Generalmajor Franz von Schachtmeyer sowie die Rentiers A. G. Mendel und Marie Chambon wohnen.

Seite 216

Marienstraße 7 Gew. XVI 13k

Erster Nachweis 1865 als Wohnhaus des Bankiers Jacob Friedrich Franz Borgnis, Associé des Bankhauses Bethmann, der vom Untermainkai 2 hierher zieht.

Seite 217

Blittersdorfplatz 29 Gew. XVI 32d

1857 kauft Freiherr Friedrich Landolin Carl von Blittersdorf, Minister a. D. und Schwiegersohn von Franz Brentano, von Anselm Salomon von Rothschild das Grundstück XVI 32 im Gallenfeld, tauscht oder erwirbt in den folgenden Jahren noch weiteres Gelände in der Nachbarschaft und baut rings um einen sich nach der Mainzer Landstraße öffnenden Platz, der 1861 nach dem soeben Verstorbenen genannt wird, herrschaftliche Villen. Delkeskamp zeichnet sie 1864 bereits als fertig. Nr. 29 bewohnt zuerst Baron Louis von Blittersdorf, Nr. 31 Gustav Speyer (vorher New York), Nr. 33 Dr. Eugen Lucius.

Seite 218

Gutleutstraße 80 Gew. XVI 87 a

1872 als Neubau des Bankiers Philipp Hermann Andreae-Goll gemeldet; Andreae zog in diesem Jahr von seiner bisherigen Wohnung, Untermainkai 6, hierher.

Seite 218

Weserstraße 7 Gew. XVI 8 a, 30 c

1863 erstmals, damals Nr. 3, als Haus des Kaufmanns Carl Ludwig Kessler gemeldet. 1868 bewohnt Kessler, jetzt als Nr. 7, die erste und dritte Etage des Hauses. Durch Verlängerung der Weserstraße in den achtziger Jahren zu Nr. 47 umnumeriert worden.

Seite 224

Eschersheimer Landstraße 8 Gew. X 4c, 5

In den fünfziger Jahren gebaut. Eigentümer war der Wachstuchfabrikant Gustav Trier.

Seite 224

Eschersheimer Landstraße Ecke Querstraße
Gew. X 11f, 17c, d

1855 ist das Haus, ursprünglich dreistöckig, erstmals belegt. Eigentümer waren die Kaufleute Johann Baptist Primavesi und Heinrich Vinzenz Johann Buzzi.

Seite 225

Eschersheimer Landstraße 23 Gew. XI 565, 566, 568 b

1858 erstmals belegbar, (als Nr. 9), als Wohnhaus des Handelsmanns Georg Adam Heinrich Hauck.

Seite 225

Eschersheimer Landstraße 22 Gew. X 39, 39 b, 31

Das stilistisch dem Vorderhaus angepaßte Hinterhaus, das der Bauunternehmer Heinrich K. L. Barthel 1877 errichtete, nachdem er im Jahr zuvor den Besitz von Dr. jur. A. C. W. F. H. von Boltog übernommen hatte. Letzterer war seit 1859 im Vorderhaus ansässig.

Seite 226

Fichardstraße 22 Gew. X 96, 96 a

1866 erstmals als Wohnhaus nachweisbar.

Seite 227

Fichardstraße 12–16
Gew. X 94l, 95d; 94k, 95c; 94g, 94j

1868 erstmals bewohnt, Eigentümer waren Wwe. Johanna Schreyer, Postsekretär Wilhelm Adolf Ricker, Revisor Johann Friedrich Jännicke. Jeweils kam ein Mieter dazu.

Seite 227

Eiserne Hand 8 Gew. V 83

Am 10. 9. 1838 kaufte der Warenmakler Gottlieb Aron Bonn den Garten V 83 laut Grundbuch von Friedrich Eduard, Wilhelmine Sophie Natalie und Sophie Maria Feez, Erben des Weinhändlers Christoph Laurentius Feez. Bonn wohnte seit dieser Zeit an der Eisernen Hand. Der Begriff »Garten« schließt ein abgeschlossenes Grundstück ein, auf dem sehr wohl ein Haus stehen kann. Feez hatte 1834 und 1835 ebenfalls an der Eisernen Hand vor dem Friedberger Tor gewohnt, es muß sich also um die gleiche Adresse gehandelt haben. Vor diesem Zeitpunkt verliert sich die Spur, so daß der früheste Termin nicht mit Sicherheit zu bestimmen ist.

SEITE 228

Sömmeringstraße Ecke Bornwiesenweg Gew. X 97 b

1865 erstmals als Wohnhaus nachweisbar. Eigentümer J. Hermann Fries. – Erhalten.

SEITE 229

Theobaldstraße 16
Gew. III 31, 33 d, 34 a, 35, 36, 37, 38

Als Dr. Christsches Kinderhospital 1843–44 gebaut, eröffnet am 14. 1. 1845 für »arme kranke Kinder bis vierzehn Jahre ohne Rücksicht auf Glaubensbekenntnis und Krankheiten.« Dr. Theobald Christ hatte in seinem Stiftungstestament 1835 empfohlen, sobald als möglich dem Hospital eine Entbindungsanstalt für arme Bürgersfrauen anzugliedern.« Das erfolgte 1855 mit Hilfe der v. Mühlenschen Stiftung im Hause der Christschen Stiftung.

SEITE 240

Mainfront westlich der Alten Brücke Lit. M 73

Das zweite Haus von links, Mainkai 11, ist im Jahr 1841 für den Metzgermeister Johann Adam Späth gebaut worden, fünfgeschossig mit Betonung der Beletage und sechs Achsen. Der Hauseingang lag noch an der Rückseite. Die Fenster im Erdgeschoß mußten noch vergittert sein, da das Bauamt Späths Bitte um Dispens von der für den ganzen Mainkai geltenden Vorschrift nicht entsprach. Die beigefügten Risse waren 1841 von dem Maurermeister J. C. Eysen gezeichnet, was aber nicht heißen muß, daß er auch der entwerfende Architekt gewesen ist. Späth bat 1858 vergeblich, eine Haustür zum Mainkai brechen zu dürfen. Vier Familien bewohnten 1868 das Haus, in späteren Jahrzehnten hat sich die Zahl der Mietparteien verdoppelt.
Ursprünglich stand an diesem Platz das Haus »Zum Kumpen«, das der Straße den Namen gab, als sie bis in die zwanziger Jahre hinein noch kein durchgehender Uferkai war. Die Schanzen am Fischerpförtchen und am Fahrtor verhinderten einen geraden Durchgang. Bürgerspenden von 20000 Gulden machten es 1826 möglich, den Brückenkai (später Mainkai) durchgehend von der Schönen Aussicht bis zum Metzgertor anzulegen.

SEITE 242

Untermainkai 3 Lit. J 10

Der Architekt Rudolf Burnitz baute sich 1830 ein Wohn- und ein Atelierhaus auf dem Grundstück, das er 1825 vom städtischen Rechneiamt gekauft hatte. Mieter waren 1841 Architekt Fressinelli, Rentier Robert King, Marianne Salzwedel und Wwe. J. P. Schunk. 1849 zog neu der Advokat Dr. C. P. Burnitz, der spätere Maler, zu. Heinrich Burnitz übernahm das Anwesen nach dem Tod des Vaters und vergrößerte Gebäude und Grundstück. In den zwanziger Jahren dieses Jahrhunderts hatten Max Beckmann und Benno Reifenberg ihre Wohnungen in dem Haus.

SEITE 242

Untermainkai 4 Lit. J III

1823 von Friedrich Heß für den Arzt Dr. Georg Hermann Schilling gebaut. Das Gebäude ist heute Traditionshaus der Deutschen Gold- und Silberscheideanstalt, 1957 von Architekt Balon restauriert, 1964/65 Gartengestaltung im Biedermeierstil von Otto Derreth.

Seite 243

Untermainkai Ecke Neue Mainzer Straße Lit. J Ia

Anfang des Jahres 1844 bezog Freiherr Landolin Fr. Conrad von Blittersdorf mit der badischen Gesandtschaft das soeben fertiggestellte Haus, das sich der Advokat Dr. Johann Adam Ohlenschlager auf dem bisher freigebliebenen Eckgrundstück an sein schon stehendes Haus J I hatte bauen lassen.

Seite 244

Untermainkai 18 Gew. XVI 351, a, b, c

1878 erstmals als Villa von M. E. Grunelius aufgeführt. Architekt war Heinrich Burnitz. Fassade aus grünem Sandstein. Das vorhergehende Landhaus Grunelius, das am nördlichen Ende des großen Gartens gestanden hatte, war 1869 abgerissen worden.

Seite 245

Hofstraße 1 Lit. J VII

Die Straße ist nach dem früheren Hofraum der Häuser Untermainkai 11–15 benannt. Im Straßenverzeichnis 1850 ist sie noch nicht verzeichnet, auf dem Delkeskamp-Plan 1864 dann in ganzer Größe vorhanden. Die Bauten auf der Südseite waren die repräsentativen Toreinfahrten, Ställe und Kutscherwohnungen der Herrschaftshäuser am Untermainkai. Hofstraße 1 gehörte zu Untermainkai 11, J VII, Bauherr Goll-Platzmann, späterer Eigentümer Albert Andreae. Auf dem Ulrich-Plan III ist der Umriß der Hofbauten vorhanden. Die Bauzeit wird also unmittelbar auf die der Vorderhäuser gefolgt sein und vor 1824 liegen. Die Girlanden in den Giebelfeldern gehören in die Biedermeierzeit.

Seite 246

Untermainkai 15 Lit. J XI

1821 geht das Grundstück von Architekt Friedrich Heß an Handelsmann Joseph Isaac Speyer über, nachdem der Senat im Jahr zuvor die Errichtung eines Wohnhauses ohne gewerbliche Nutzung genehmigt hatte. Wie die Nachbarhäuser ist auch dieses im Staatskalender 1824 erstmals aufgeführt. Meyer Carl von Rothschild hat das Haus 1848 gekauft und in den folgenden Jahren durch Friedrich Rumpf einen Anbau errichten lassen, der die ursprünglich sieben Achsen des Heß-Hauses um weitere fünf erweiterte. Die Familie bewohnte das Haus bis 1895. Dann wurde darin die 1887 gegründete Freiherrlich Carl von Rothschildsche öffentliche Bibliothek untergebracht. 1906 wurde das Nachbarhaus Nr. 14 (1821 Friedrich Heß für Simon Moritz von Bethmann) als Geschenk von Freifrau Salomon und Freifrau James von Rothschild der Anstalt angegliedert. Nach dem 2. Weltkrieg provisorischer Sitz der Stadt- und Universitätsbibliothek, heute Teil des Historischen Museums der Stadt Frankfurt.

Seite 247

Untermainkai 44 Gew. XVI 347

1837 verkauft Professor Carl Friedrich Hermann den Garten an Handelsmann Johann Noë du Fay, per Teilungsurkunde fällt er von dessen Miterben an die Witwe Cornelie Charlotte Nies, und diese verkauft Garten und Gartenhaus an den Handelsmann Johann Jacob Bonn. Die Differenz zwischen den Beschreibungen der Immobilien und die schnelle Folge der Überschreibungen läßt vermuten, daß es sich um die Bauzeit selbst handeln muß, die einige bisher unterlassene Grundbucheintragungen infolge der Wertsteigerung dringlich machte. Ursprünglich fünfachsig, die rechte wurde in Vorlage später angesetzt. – Erhalten.

Seite 248

Untermainkai 48 Gew. XVI 346

Ehemals Gontardsches Landhaus. Im Erbgang dann an die Familie de Bary, die es 1927 verkaufte. Gontardsche Familienüberlieferung schreibt Salins die Urheberschaft zu, doch gibt es innerhalb seines Œuvres weder Parallelen noch Anhaltspunkte. Irritierend ist der Dreiachtelschluß der Mittelachsen an der Vorderfassade: solche Lösungen an der Rückfront als Treppenhaus finden sich an den Häusern des Untermainkais, die von Friedrich Heß und Kollegen anfangs der zwanziger Jahre gebaut worden waren. Für Friedrich Heß spricht auch das in den rückwärtigen Giebel eingeschnittene halbrunde Fenster, das am Giebel des Hauses Speyer-Rothschild, Untermainkai 15, ebenfalls auftaucht, allerdings in einer flächig eleganteren und ausgewogeneren Ausführung. Die reiche Dekorierung der Attikazone im ausladenden Mittelteil aus dem Louis-Seize-Katalog könnte auf ein Mitglied der Baumeisterfamilie Kayser hindeuten, die sich gern französischer Vorlagen bediente und in Compagnonschaft mit bedeutenden Frankfurter Architekten arbeitete. Bauzeit und Entwerfer jedenfalls sind nicht mehr exakt zu ermitteln.

Seite 249

Untermainkai 54 Gew. XVI 345

Um 1840 von Rudolf Burnitz für die Familie Manskopf als Gartenhaus gebaut. Im Besitz der Familie bis 1929. Darin auch die Manskopfsche Theatersammlung. Dann an die Stadt Frankfurt übergegangen, die es als Museum weiterführte.

Seite 256

Schaumainkai 15 Gew. XIV 2b, 3a, b, 4a, b, c, 53, 55

1802–04 für Peter Saltzwedel, Inhaber der Schwanen-Apotheke am Römerberg, gebaut. Mitte des Jahrhunderts von Georg Friedrich Metzler von den Saltzwedel-Erben gekauft. Im Besitz der Familie bis zur Übernahme durch eine Stiftung, die zwischen den Weltkriegen ein Altersheim darin unterhielt. Heute Museum für Kunsthandwerk. Ein Foto von C. F. Mylius um 1860 und der Delkeskamp-Plan von 1864 zeigen, daß die ursprüngliche Anlage das klassizistische Flachdach mit schmalen, einachsigen Dachvorsprüngen hatte. Eine Abbildung der Mainfront gegen Ende der sechziger Jahre hingegen weist dann den Umbau des Daches in Mansard-Manier auf. Dieser muß also unter Metzler um 1865 erfolgt sein. In diese Umbauphase gehören auch die schweren Segmentgiebel über den Fenstern im ersten Obergeschoß, die genau der gleichförmigen Bekrönung der dreiachsigen Mansardvorsprünge entsprechen. Ebenfalls gehört der Eingang an der Ostseite hinzu, von Pilastern flankiert, die aus Metall modelliert sind. Der Architekt des Hauses ist nicht mehr zu ermitteln. Die bedeutenden Baumeister um die Jahrhundertwende, Salins und Georg Heß, kommen nicht in Betracht, da sich in ihrem Œuvreverzeichnis kein Hinweis auf das Landhaus Saltzwedel findet; Hoffmann und Friedrich Heß haben in dieser Zeit noch nicht selbständig gearbeitet. So ist anzunehmen, daß ein Mitglied der Baumeisterfamilien Kayser oder Mack am Werk war, denn diese Kreise waren zu dieser Zeit im besten Zuge, größere Objekte zu realisieren: Mitwirkung an Bürgerpalästen (Schweitzer), Bebauung von Brückhof- und Fischerfeldgelände.

SEITE 257

Schaumainkai 23 Gew. XIX 7, 8, 51

Bezeugt ist das Haus 1844 als Besitz der Witwe J. A. F. Bolongaro. 1858 reicht Joseph Anton Franz Bolongaro dem Bauamt Pläne zum Umresp. Neubau eines Gartenhauses ein. Mit Beibehaltung der vorderen Fassade soll das Erdgeschoß verändert werden. Die zwei Winkel an der Rückfront sollen beim Umbau begradigt werden. Dieser Aktion um 1860 verdankt die Gartenfront der Villa ihr barockisiertes Aussehen. Die beiden Veranden und der Wintergarten im Erdgeschoß sind eine noch spätere Zutat, denn Delkeskamp zeigt sie 1864 noch nicht. Aus dem Besitz der Familie Bolongaro ging das Haus um die Jahrhundertwende an Frh. von Büsing-Orville über, ihm folgte Wwe. G. von Lang, in den zwanziger Jahren dieses Jahrhunderts die Wirtschaftliche Vereinigung deutscher Gaswerke.

SEITE 258 UND 259

Affentor Lit. N 32

Von J. C. Friedrich Heß 1810–11 gebaut, größer als die anderen Torhäuser der Stadt. – Erhalten. (Risse in Jung-Wolff, Bd. II, S. 126ff.)

SEITE 259

Schifferstraße 61 Gew. XIX 1f, h, k, l, 2c, d

Auf dem Grundstück, das an den Park der Villa Metzler stößt. Straße wurde 1852 neu angelegt. Erster Nachweis des Hauses 1871 als Besitz des Advokaten Dr. Johann Heinrich Schultz.

SEITE 260 UND 261

Hühnerweg 20 Gew. VIII 112

Landhaus Zickwolff, von Philipp Jacob Hoffmann 1808 gebaut. Philipp Christian Zickwolff, seit 1801 alleiniger Chef der gleichnamigen Eisenwarenhandlung, zeitweise Vorsteher der Handelskammer, war ein Freund und Kenner von Antiquitäten, die er in seinem Haus Fürsteneck sammelte und restaurieren ließ. Nach seinem Tod 1826 übernahm Sohn Gustav das Haus am Hühnerweg (zugleich Wendelsweg 1). Gegen Ende des Jahrhunderts war die Familie Schmidt-Knatz Eigentümer. Zu Anfang des 20. Jahrhunderts übernahm die Stadt Frankfurt das Haus. Zeitweilige Bewohner Brauereidirektor Rose, Rechtsanwalt Dietz und Gartenbaudirektor Max Bromme. (Baubeschreibung bei Rose, S. 161ff.)

SEITE 262 UND 263

Schönhof, Bockenheim
Wirtschaftsgebäude, Gartenpavillon

Um 1820 von Friedrich Rumpf für den neuen Besitzer, Geheimrat Karl Ludwig von Barckhausen-Wiesenhütten, gebaut. Die Stadt Frankfurt erwarb den Besitz 1897. Der Tempel wurde nach dem 2.Weltkrieg in den Grüneburgpark umgesetzt. – Erhalten.

SEITE 264

Ginnheimer Straße 3

Villa Passavant, 1829 gebaut, wahrscheinlich von Friedrich Heß. Der Park gehörte zum Besitz der Prinzessin Henriette Amalie von Anhalt-Dessau bis 1793, deren Nachlaßverwaltung ihn einem Konsortium Bockenheimer Bürger verkaufte; 1804 kaufte der Frankfurter Bankier Johann Georg Meyer den Park und trat ihn in den zwanziger Jahren Samuel Passavant ab, der sich darauf die Sommervilla für seine Familie bauen ließ. Im Erbgang 1896 an die Familie Andreae gegangen, 1938 an die Stadt Frankfurt. Heute dient sie als Kindergarten und Schwesternwohnungen des Elisabethenkrankenhauses.

Seite 265

Ginnheimer Landstraße 42

1871 als Metallperlenfabrik Goupil und Lauret nachzuweisen, 1875 wohnt deren Direktor Franz Rücker im 1. Stock des Hauses. Er hat den Besitz in eine Stiftung – auf seinem Namen – eingebracht, die sich mit Jugenderziehung befaßte.

Seite 266

Mühlberg, Landhaus von Groote *Gew. VIII* 28

Von Philipp Jakob Hoffmann 1810 gebaut. Als Villa Lukacsich-Villani mit geringfügigen Veränderungen an der Fassade in das 20. Jahrhundert gekommen. (Nach einer Zeichnung im Historischen Museum.)

Seite 292

Bockenheimer Anlage 15, Gartenhaus Leonhardi
Gew. XI 20-24, 27-31

Von Salins de Montfort spätestens 1806–07 entworfen. Im Besitz der Familie von Leonhardi bis 1825. Bis 1833 etablierte der Gastwirt Rosenbach dann darin einen Vergnügungsort für die bessere bürgerliche Gesellschaft. 1835 an Bankier W. F. Jäger, 1843 an den Marquis Eliacin de Beaumont, 1852 an den Bankier Rafael Erlanger. Unter dessen Namen war das Gartenhaus bis zu seinem Abbruch anfangs des 20. Jahrhunderts bekannt. (Grundriß und Baubeschreibung bei F. Dahl, S. 54ff.; Jung-Hülsen, S. 236ff.)

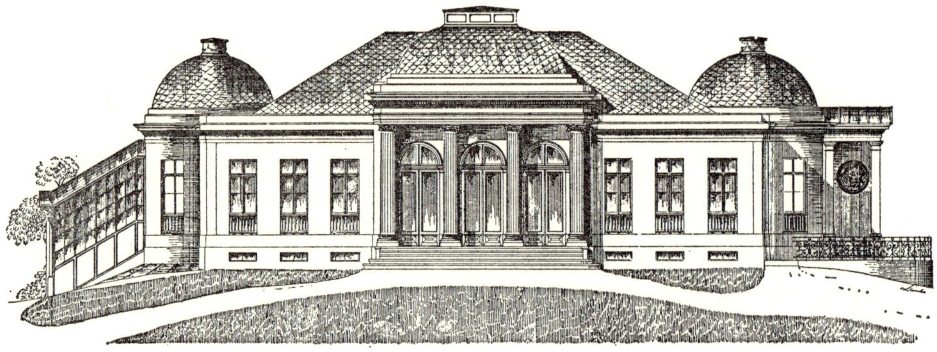

Literaturverzeichnis

BINDING, RUDOLF »Lob Frankfurts«, in G. Schönberger »Das schöne Gesicht von Frankfurt am Main«, Ffm., 1924.

DU COLOMBIER, PIERRE »L'architecture française en Allemagne au 18. siècle«, 2 Bde. Paris 1956.

DAHL, WILHELM FRITHJOF »Die Tätigkeit des Baumeisters Salins de Montfort in Frankfurt am Main«. Ffm, 1928. Schriften des Historischen Museums, V. (Ungedruckte Dissertation, Ffm. 1926).

DEHIO, GEORG; GALL, ERNST »Handbuch der deutschen Kunstdenkmäler. Südliches Hessen«. München, 1961. 3. Aufl.

DIELMANN, JAKOB FÜRCHTEGOTT »Frankfurt am Main. Album der interessantesten und schönsten Ansichten alter und neuer Zeit«. Ffm., 1845.

DIETZ, ALEXANDER »Frankfurter Handelsgeschichte«, 4 Bde. Ffm., 1910.

DURAND, JEAN NICOLAS »Abriß der Vorlesungen über Baukunst«, Karlsruhe und Freiburg, 1831.

EBRARD, FRIEDRICH CLEMENS »Die Stadtbibliothek in Frankfurt am Main«. Ffm. 1896.

FEULNER, ADOLF »Frankfurt am Main«. In der Reihe »Deutsche Lande – deutsche Kunst«. Bln., 1938. Neuauflage 1953, von Gerhard Bott.

FRANCK, CARL LUDWIG »Topographischer Überblick der Stadt Frankfurt am Main«. Ffm., 1821.

GIEDION, SIGFRIED »Spätbarocker und romantischer Klassizismus«. München 1922.

GWINNER, PHILIPP FRIEDRICH »Kunst und Künstler in Frankfurt vom 13. Jahrhundert bis zur Eröffnung des Städelschen Kunstinstituts«. Ffm., 1862.

GURLITT, CORNELIUS »Die deutsche Kunst des 19. Jahrhunderts«. Bln., 1899.

HAUSENSTEIN, WILHELM »Wanderungen auf den Spuren der Zeit«. Ffm., 1935.

HORNE, ANTON »Die Straßen von Frankfurt am Main nebst Erklärung ihrer Benennungen«. Ffm., 1895.

HÜLSEN, JULIUS »Louis XVI im alten Frankfurt«. Ffm., 1907.

JELKMANN, C. H. »Die St. Paulskirche in Frankfurt am Main«. Ffm., 1913.

JUNG, RUDOLF »Die Niederlegung der Festungswerke in Frankfurt am Main 1802–07«. In »Archiv für Frankfurts Geschichte und Kultur«, 11. Bd., 1913.

JUNG, RUDOLF UND WOLFF, CARL »Die Baudenkmäler in Frankfurt am Main«. Bd. 1 1896, Bd. 2 1898, Bd. 3 von Jung-Hülsen 1914, Ffm.

KIRCHNER, ANTON »Ansichten von Frankfurt am Main und seiner Umgebung«. Ffm., 1818.

KRAMER, WALDEMAR UND LERNER, FRANZ »Bilder zur Frankfurter Geschichte«. Ffm., 1950.

KRUG, FRIEDRICH »Historisch-topographische Beschreibung von Frankfurt am Main und seiner Umgebung«. Ffm., 1845.

KRAKAUER, ISAAK »Geschichte der Juden in Frankfurt am Main«. Ffm., 1925–27.

LÜBBECKE, FRIED »Das Antlitz der Stadt. Nach Frankfurter Stadtplänen von Faber, Merian und Delkeskamp«. Ffm., 1952.

LÜBBECKE, FRIED UND WOLFF, PAUL »Frankfurt am Main«. Bielefeld und Lpz., 1932.

LÜBBECKE, FRIED »Frankfurt am Main«. Lpz., 1939.

LERNER, FRANZ »Die Neue Mainzer Straße im Wandel der Zeiten«. Ffm., 1956.

MÜLLER, F. UND LUDWIG, M. »Alt-Bockenheim in Wort und Bild«. Ffm., 1910.

LAUFFER, OTTO »Der volkstümliche Wohnbau im alten Frankfurt am Main«. In »Archiv für Frankfurts Geschichte und Kultur«, 10. Bd., 1910.

PALLMANN, F. »Simon Moritz von Bethmann und seine Vorfahren«. Ffm., 1898.

PASSAVANT, RICHARD V. »Eine Sammlung von Aufzeichnungen und Erinnerungen der Handelsfirma Wichelhausen & Passavant nachher Gebr. Passavant 1804–1918«. Ffm., 1918.

REBER, HORST UND HEYM, HEINRICH »Das Frankfurter Opernhaus 1880–1944«. Ffm., 1969.

ROSE, HANS »Spätbarock. Studien zur Geschichte des Profanbaues in den Jahren 1660–1760«. Mchn., 1922.

SCHUMACHER, FRITZ »Strömungen in der deutschen Baukunst seit 1800«. Köln, 1955.

SCHMIDT, PAUL FERDINAND »Frankfurt am Main«. In Reihe »Stätten der Kultur«, Nr. 2. Leipzig, 1927.

SOMMER, OSKAR »Die bauliche Entwicklung der Stadt Frankfurt am Main«, Ffm., 1892.

STRICKER, WILHELM »Neuere Geschichte von Frankfurt am Main«. Ffm., 1881.

WEBER, HILDEGARD (HRG.) »Das Museum. 150 Jahre Frankfurter Konzertleben«. Ffm., 1958.

WEIZSÄCKER, HEINRICH UND DESSOFF, ALBERT »Kunst und Künstler in Frankfurt am Main im 19. Jahrhundert«. 2 Bde. Ffm., 1909.

ZIMMERMANN, HANS KARL »Das Kunstwerk einer Stadt. Frankfurt am Main als Beispiel«. Ffm., 1963.

— »Frankfurt am Main und seine Bauten«. Herausgegeben vom Architekten- und Ingenieurverein. Ffm., 1886.

Dolf Sternberger

Geschichte dieses Buches

Es sind nicht viel weniger als drei Jahrzehnte vergangen seit dem Tage, an dem der Plan zu diesem Buch oder doch zu den Aufnahmen entstand, die nun darin vereinigt erscheinen. Die es jetzt und künftig lesen und betrachten werden, sollen auch seinen Ursprung kennen. Es ist nicht aus einer kommerziellen Absicht noch aus gelassener ästhetischer Neigung noch aus wissenschaftlichem Bedürfnis erwachsen, vielmehr aus einem Schrecken.

Der Tag war der 1. Juni des Jahres 1942. Unter diesem Datum brachte die »Frankfurter Zeitung« – wie alle anderen deutschen Blätter auch – den vom »Deutschen Nachrichten-Büro« verbreiteten Bericht des »Oberkommandos der Wehrmacht« vom 31. Mai, worin außer einigen obligaten, wenig eindrucksvollen Erfolgen an der Ostfront, im Nordmeer, in Nordafrika und an der Kanalküste mit um so auffälligerer Deutlichkeit ein schwerer deutscher Verlust gemeldet war:

> »Britische Bomber unternahmen in der vergangenen Nacht einen Terrorangriff auf die Innenstadt von Köln, wobei große Schäden durch Spreng- und Brandwirkung, vor allem in Wohnvierteln, an mehreren öffentlichen Gebäuden, u. a. auch an drei Kirchen und zwei Krankenhäusern entstanden ...«

Dies war nicht der erste Luftangriff auf Köln, aber offenbar der schwerste, den die Stadt bisher erlitten hatte; wie wir später erfahren haben, war zum ersten Mal eine Flotte von tausend Bombern tätig geworden. Das Propagandaministerium entschied sich, das Ereignis nicht zu vertuschen, sondern zu nutzen, um Haß und also Widerstandswillen zu erwecken.

Die Zerstörung der Stadt Köln hatte begonnen, die Zerstörung der Stadt Frankfurt war abzusehen. Ich meine jetzt die Zerstörung seiner Bauten; die Zerstörung seiner Gesellschaft, seiner Bildung, seines Geistes war längst vollbracht, nicht durch britischen, sondern durch deutschen Terror. Oder, wie Benno Reifenberg es ausgedrückt hat: »Die Mauern fielen zusammen, weil vorher die Seelen zusammengefallen waren.« Gleichwohl liebten wir auch diese Mauern. Wie ein Blitz durchfuhr mich damals die Vision ihres Unterganges.

Ein paar Tage später schrieb ich, damals noch Mitglied der politischen Redaktion der »Frankfurter Zeitung«, an den Geschäftsführer des Verlages der »Frankfurter Societäts-Druckerei«, Dr. Wendelin Hecht, diesen Brief:

»Lieber Herr Doktor Hecht,
ich möchte Ihnen heute einen Plan skizzieren, den ich (und nicht ich allein) schon lange gehegt habe, dessen Verwirklichung aber jetzt, wie mir scheint, äußerst dringlich wird, falls man nicht darauf verzichten will. Es gibt in der Literatur über Frankfurt, seine Anlage und seine Bauten, merkwürdigerweise bis heute eine große Lücke: das Frankfurt des neunzehnten Jahrhunderts ist weder im Bild noch in der Beschreibung und Forschung zulänglich dargestellt worden. Dabei macht unsere Stadt gerade in dieser Zeit, die ihr heutiges Bild ganz wesentlich geprägt hat, unter allen deutschen Städten eine hervorragende Figur. Es ist immer wieder zu beobachten, daß fast ausschließlich das mittelalterliche Frankfurt, also die Altstadt, den Fremden gezeigt und publizistisch behandelt wird; indessen ist die spätklassizistische, eigentlich bürgerliche Epoche gerade hier in einer Breite und Fülle zu sehen wie nirgends sonst, und diese Tradition hat auch bis hoch ins neunzehnte Jahrhundert hinein, eingeschlossen die sogenannte Gründerzeit, der wirklichen Bautätigkeit eine

Sicherheit der Form bewahrt, wie sie andernorts längst unter den Verzerrungen und unter dem Ansturm unbewältigter technischer Möglichkeiten zugrunde gegangen war. Auch gehört es zu dem Bilde und zu der sozialen Struktur der Stadt in dieser Epoche, daß der »bürgerliche Stil«, wie ich das jetzt einmal abkürzend nennen will, nicht auf eine City oder auf einen Residenzkomplex begrenzt geblieben ist, sondern sich über das ganze damalige Weichbild erstreckt und also im Ostend um das Heilig-Geist-Spital und die Schöne Aussicht ebenso rein und prägnant zu finden ist wie im alten Westend, etwa in der Gegend der Niedenau, Bockenheimer Landstraße, im jetzigen Bahnhofsviertel, Nidda- und Taunusstraße oder auch den Wall- und Anlagenstraßen, namentlich der Hochstraße und der Eschenheimer Anlage. Ich will mich jetzt nicht in die Beschreibung der unzähligen Beispiele und der variierenden Reize dieser Wohnbauten vertiefen, nur noch anfügen, daß von den Vororten mindestens Bockenheim, auch Eschersheim in die Betrachtung einzubeziehen wären, und daß selbstverständlich Bad Homburg mit dem Kurhaus und dem Gotischen Haus als Schauplatz des vorigen Jahrhunderts eine höchst anziehende Rolle in dem Ensemble spielen muß.

Eine große bilderreiche Publikation wäre eigentlich eine schöne Pflicht gerade des Frankfurter Societäts Verlages auch als Verlag der Frankfurter Zeitung. Selbstverständlich stelle ich mir nicht vor, daß dergleichen unter den heutigen Umständen aus dem Boden zu stampfen ist, aber – und dies ist das Argument der Dringlichkeit – wer weiß wie lange dieses Frankfurt noch steht! Es wäre auf jeden Fall unbedingt notwendig, sofort und in möglichst kurzer Frist den nötigen Schatz photographischer Aufnahmen zu sammeln, der das Kernstück und die Grundlage einer solchen Veröffentlichung bilden muß. Wir haben hier in Frankfurt glücklicherweise einen Photographen von großem, sogar internationalem Ruf in der Gestalt von Dr. Paul Wolff, und ich möchte vorschlagen, daß Sie, falls Sie dem Vorhaben als solchem zustimmen, sich mit ihm in Verbindung setzen, um ihn für das Unternehmen zu gewinnen. Ich

selbst würde dann gerne als Berater bei der Wahl der Objekte fungieren, und ich vermute, daß auch Herr Reifenberg an dieser Arbeit, die mit aller Sorgfalt und Großzügigkeit unternommen werden sollte, interessiert ist.
Ich hoffe sehr auf Ihre teilnehmende Initiative und bin in Erwartung einer baldigen Antwort mit herzlichen Grüßen
stets Ihr
gez. Dolf Sternberger«

Die nächsten Daten hat Benno Reifenberg, der zeit seines Lebens Tagebuch führte, in seinem Kalenderheft verzeichnet:

Am 20. Juni: »Das Photographier-Werk bewilligt.«

Am 24. Juni: »Mit Sternberger erster Plan für das Lichtbildwerk.«

Wie Dr. Hecht, so war auch Dr. Paul Wolff rasch gewonnen. In den folgenden Monaten sind wir zu dreien, Wolff, Reifenberg und ich, in der Stadt umhergezogen, wann immer das Wetter und die beruflichen Dispositionen es erlaubten, zuerst in der Innenstadt, im Westend und im Ostend; späterhin mußte ich der Redaktionspflichten wegen häufiger zurückbleiben, Reifenberg war zu dieser Zeit von der täglichen Zeitungsarbeit weithin entlastet, doch teilte seine Gegenwart dem bedrängten Kollegium immer Halt und freundschaftlichen Zusammenhang mit.

Der »Plan«, den jene Tagebuchnotiz erwähnt, bestand, soweit ich mich erinnere, nur in einer Verständigung über die hauptsächlichen Komplexe, die wir aufsuchen und aufnehmen wollten, und über die Reihenfolge der Stadtteile und Vororte. Einen baugeschichtlichen Leitfaden gab es in der Literatur nicht, zu eigenen Archivstudien und Nachforschungen war uns, wie wir überzeugt waren, die Frist nicht gegönnt, sie konnten und sollten späterhin angestellt werden, einstweilen kam alles darauf an, den Bildervorrat anzulegen. Amateure, also Liebhaber, die wir waren, verließen wir uns auf die eigene Wahrnehmung. Reifenberg war von Jugend auf, ich immerhin seit meiner Studienzeit in den zwanziger Jahren mit der Stadt vertraut. Als Student hatte ich an der Schönen Aussicht gewohnt, im dritten Stock eines Miethauses, das dem Weinhändler Peichert gehörte, nahe dem Eingang der Langen Straße und also nicht weit von der Stadtbibliothek; die unvergleichliche Helligkeit der Lage am Fluß, der weißen Häuserzeile mit ihrem sparsamen, fast graphischen Fassadenschmuck, das einfache klare Maß war mir fest und freudig eingeprägt. Auch das Haus an der Bockenheimer Landstraße, worin meine Frau und ich jetzt wohnten, ursprünglich für eine Familie bestimmt, bewahrte mit seinem Säulenportal, mit den eingeschriebenen Zirkelschlägen des Treppenaufgangs und des Eckzimmers, wiewohl viel später erbaut, noch den Raum- und Formsinn der Biedermeier-Klassik, uns und unseren Freunden wie eine Zuflucht des wachen Verstandes inmitten der Gewaltherrschaft und ihrer nahebei befindlichen lokalen Stützpunkte. Ähnlich wohnte Benno Reifenberg mit den Seinen, am westlichen Ende des Grüneburgweges. So lebten wir, abseits des gotischen, gleichsam in einem aufgeklärten Frankfurt, dessen kubische und zylindrische Gehäuse an Freiheit und Ordnung erinnerten.

Wir hatten kaum je Zweifel oder Divergenzen in bezug auf die Objekte, die auszuwählen waren, und Paul Wolff wußte, nach leichter und friedlicher Verständigung, geschickt seine Standorte zu bestimmen. Als Reifenberg und ich im Jahre 1969 zusammen mit Dr. Günther Vogt die Bilder durchgingen, hat sich, was die Zuordnung zur Epoche betrifft, nur ein einziger – und wie rührender! – Irrtum herausgestellt: Reifenberg hatte die einfache Fassade desjenigen Flügels der »Frankfurter Zeitung« in der Eschenheimer Gasse, worin die Feuilleton-Redaktion untergebracht war und er selber jahrelang residiert hatte, immer für klassizistisch gehalten; sie war wohl zu Anfang unseres Jahrhunderts erneuert worden, in einem leicht biedermeierlichen Geschmack. »Feuilleton: Viel gehofft in diesem Haus; Blick auf das schönste Palais.« So lautet die Notiz, die er zu diesem Photo für einen Lichtbilder-Vortrag (in den fünfziger Jahren) gemacht hat.

Aus diesem selben Manuskript erfahren wir schließlich von einer zweiten Rettung. Bald nach Vollendung der Aufnahmen, im Frühjahr 1943, hatten Reifenberg und ich mit drei anderen Kollegen auf nationalsozialistische Anordnung die Redaktion verlassen müssen, im Sommer war die Zeitung insgesamt verboten und eingestellt worden. Wir suchten auswärts Unterschlupf. Der Luftkrieg, die Bombardierung der Städte nahm zu. Hier ist Benno Reifenbergs Bericht:

»Auf den Tag genau ein Jahr nach unseren letzten Aufnahmen kam die Nacht, die grausig so vieles wegriß. Am andern Morgen lief ich zu Wolffs Wohnung, wo ich die Filme wußte, durch den Palmengarten. Die Toten. Ich suchte das Haus, es war total weggewischt. Noch nicht einmal ein Trümmerhaufen. Im Nachbarhaus Leute von Wolff. Er war den Verlust anmelden. Im Kellergeschoß fand ich den Gehilfen. Er hatte sich an den Rotwein gemacht. Die Kartons mit den singulären Aufnahmen waren unversehrt. Um die Mittagszeit verließen wir Frankfurt, auf dem Wägelchen mit Kleidern lag verschnürt in meiner Aktenmappe das Filmbündel. Um 15 Uhr passierten wir die westlichste Brücke und nahmen einen letzten Blick auf die brennende Stadt. Der Dom in den Schwaden verschwand und tauchte mit leergebranntem Dach auf; wie in einem Riesenkampf. Ich hatte das Gefühl, die Penaten, die Hausgötter zu retten. Erst zehn Kilometer draußen gewahrten wir, daß dieser Märztag ein heller, wolkenloser Tag war. Die Filme haben dann, in Blechbüchsen mit Paraffin verklebt, noch über ein Jahr in der Erde vergraben gelegen. Hier, vor Ihnen, sind sie zum erstenmal ans Frankfurter Licht gekommen.«

Nach dem Kriege hat der Verleger Werner Wirthle den Bilderschatz in seine Obhut genommen. Er hat, wiewohl kein Frankfurter, sondern wie sein Vorgänger Hecht ein Schwabe, auch dieses Vermächtnis mit ganzem Herzen treulich übernommen. Die Absicht der Publikation hat zu keiner Zeit geruht, doch war es schwer, einen kundigen kunsthistorischen Bearbeiter zu finden, zumal nachdem sich herausgestellt hatte, daß die Akten des städtischen Bauamtes verbrannt waren, die zur Identifizierung der Grundstücke, Bauherren und Baumeister hätten am ehesten helfen können. Doch erwies sich bei diesen unseren Versuchen auch von neuem, wie lange die Erforschung und Würdigung der Werke des neunzehnten Jahrhunderts vernachlässigt worden war. Leichter noch fanden sich Mäzene, die bereit waren, die nötige wissenschaftliche Arbeit zu unterstützen. So auch bekundete vor zwei Jahren das »Kuratorium Kulturelles Frankfurt« ein lebhaftes Interesse an der Edition und gewann endlich in der Person von Dr. Günther Vogt den spürsinnigen Forscher und liebevollen Autor, der das Unternehmen zu vollenden half. Schmerzlich ist es, daß Benno Reifenberg das Ergebnis unserer gemeinsamen Mühe und Lust nicht mehr in die Hand nehmen kann, er starb im letzten Februar. Paul Wolff und Wendelin Hecht sind lange tot.

Was nun vorgelegt wird, ist ein Werk des Gedenkens. Die Stadt, die auf diesen Seiten anschaulich wird, ist untergegangen. Die gesellschaftliche und baugeschichtliche Epoche, die uns hier entgegentritt, war die letzte, welche die leuchtenden Muster der klassischen Antike ihren schlichten Zwecken anverwandelt hat. Ob die bequemen humanen Dimensionen dieser Häuser in einem Zeitalter der Wohntürme und Wabensysteme noch einmal, neu aufgefaßt, sich wiederbeleben können, bleibt fraglich. Es mag aber genug sein und in sich bestehen, daß wir dessen gedenken, was schön gewesen ist.

Frankfurt, im Sommer 1970

Dolf Sternberger

Benno Reifenberg

Erinnerungen und Ausblick

Heute wollen wir einen Gang durch Frankfurt machen. Durch Frankfurt vor 1944, durch die Anlagen, die noch da sind. Sie werden Häuser sehen, die nicht mehr da sind. Diese Häuser sind zum großen Teil nur noch in den Aufnahmen vorhanden, die wir betrachten wollen. Und in den Erinnerungen, die sie in uns wecken werden. Wir haben noch solche Erinnerungen. Aber bald werden Generationen an der Reihe sein, die unsere Aufnahmen betrachten, wie wir auf die Photographien von Mylius schauen. Aufnahmen aus der Mitte des vorigen Jahrhunderts. Sie ergreifen uns, ein eigentümlicher Hauch weht uns an. Wir spüren die Zeit, die in diesen Bildern eingefangen wurde. Aber wir sind keine Augenzeugen mehr. Das Frankfurt, das Mylius photographierte: wir ahnen es, wir ahnen zugleich, daß es entschwunden ist: unwiederbringlich.

Wir sollten einen Augenblick bei dem Wort haltmachen: Unwiederbringlich. Für Goethe war die Trennung im Grunde nicht vollziehbar. Er sagte einmal: »In jeder großen Trennung liegt ein Keim von Wahnsinn. Man muß sich hüten, ihn nachdenklich auszubrüten und zu pflegen.«

Hofmannsthal, dessen Leben durch das große Abschiednehmen vom alten Österreich mitbestimmt war, hat erkannt: Im Augenblick der Trennung wird der Mensch erst gewahr, was er verliert, was von ihm da unwiederbringlich niedersinkt.

Die Erscheinungen enthüllen im Augenblick ihres Vergehens ihr Wesen: den innersten Sinn. Ich erinnere mich aus jener Nacht, als die Stadt im Winde ihrer Flammen dahintrieb, wie da ein Zimmer mit der Weißglut seines Fußbodens in überscharfem Rampenlicht stand – das Gold der Spiegel wurde noch glänzender, noch funkelnder die Kristalle des Lüsters; eine Szene spielte sich da ab, die letzte Szene innerhalb der vier Wände. Es war, als ob die goldene Höhle – was darin geweint, gelacht worden war, Seufzer, Sehnsucht und glückliche Stunden – in dieser furchtbaren Helligkeit für den Blitz eines Augenblicks alles dem Gedächtnis noch einmal vorhielt und dann wegkräuselte, ein verkohltes Papier.

Als wir diese Dinge erlebten, wären wir vor einem Wort zurückgefahren, das wir heute unbedenklich in den Mund nehmen. Ich meine das Wort: Wiederaufbau. Damals stellten wir uns einen »Neubau« als das Kommende vor, Neubau von Grund auf, vom Geist auf.

Denn ich meine: wir könnten uns nicht genug daran erinnern: Die Katastrophe, an der wir teilzunehmen hatten – sie war ja nur die Folge einer vorangegangenen Katastrophe: Die Mauern fielen zusammen, weil vorher die Seelen zusammengefallen waren. Diejenigen, die hier Ursache und Wirkung erkannten, sie verlangten, daß wieder eine Ordnung erscheine, eine Ordnung zwischen den Menschen, und dann eine Ordnung zwischen den Menschen und den Dingen. Die so dachten, für sie durfte die Welt nachher nicht aussehen wie in der Zeit des Unheils. Sie mußte ganz anders werden. Sie hatten Sehnsucht nach einer inneren und umfassenden Reinigung.

Aber wir haben auch das lernen müssen, daß im moralischen Bereich, denn der ist hier gemeint, die Dinge nicht kommandiert werden dürfen. Wir leben in einer beispiellosen Epoche des Bauens. Mit einer erstaunlichen Kraft zogen die Städte ihre geflüchteten Bürger wieder an sich. Die heftig diskutierte Aufgabe dauert fort: auf historischem Gelände neu bauen. Jede Stadt hatte dabei ihre Gedanken und entwickelte ihren Plan. Wir in Frankfurt, dort die Kölner, hier Stuttgart, dort München. Nach und nach wird sichtbar, was noch an überliefertem Gut da ist und was schon schöpferisch nach neuen Gesetzen vorwärtsdrängt.

Die Zeit wird einmal richten, wie viele Städte ihre Besonderheit, ihre Individualität – wir sprechen ja die Städte mit ihren Namen als unverwechselbare Persönlichkeiten an – erhalten konnten, gerade indem sie neue Aufgaben entworfen und bewältigt haben.

Die Zeit wird auch das Urteil darüber sprechen, welche Städte seit 1945 ihren Charakter eingebüßt haben.

Nun zu den Bildern. Die Häuser lagen oft innerhalb von Gärten. Sie waren durchweg mit heller Ölfarbe gestrichen. Die Wände leuchteten zwischen Laubkronen, während sich die Baumstämme dunkel vor dem lichten Grund abzeichneten. Die Häuser trugen Schieferdächer. Cremefarben, Grün, Schiefergrau, das gab eine wundervolle malerische Harmonie. Leider ist sie – soweit ich weiß – nie recht von einem Frankfurter Künstler festgehalten worden.

Villa – wir spotten heute etwas über dieses Wort – aber Villa ist ein römisches Geschenk an das Abendland. Sie ist vielfach die schöne, wirklich geistige Form des humanen Daseins, denn sie lebt nicht vom Prunk, sondern aus dem Wohlklang der Proportionen.

Noch eines: Die Häuser waren im März 1944 noch bewohnt, schon lange nicht mehr gepflegt, aber geliebt von denen, die überhaupt noch damals imstande waren, so etwas wie ein Haus, einen Garten, wahrzunehmen. Zuweilen – das will ich noch gestehen – überfiel auch uns das quälende Gefühl, durch Schattenstraßen zu gehen.

Guiollett: Mit ihm muß man beginnen. Auf dem Sockel seines Denkmals: »Seinem Verdienst um die Anlagen die dankbaren Mitbürger.« Er war der Bürgermeister, unter dem Frankfurt 1804 bis 1809 entfestigt worden ist. Die Mauern, die fielen, sind der dritte Ring um den Stadtkern, aus der Mitte des 16. Jahrhunderts.

In den Anlagen hat man Guiollett bestattet. Man spürt das Element des Romantischen. Das Mittelalterliche war vorübergezogen. Die Antike vorbei. Damals lebte Peter Cornelius (1809–1811) in Frankfurt, er illustrierte den Faust so, daß Goethe vor dem Mittelalterlichen darin erschrak.

Das Friedhofsportal: 1829 geschaffen. Dabei ist das dorische Element streng und kühl benutzt. Geht man hindurch, findet man gleich links eine einfache Platte mit dem Namen Arthur Schopenhauer (1860). Er ist 1831 nach Frankfurt gezogen und wohnte zuletzt an der Schönen Aussicht, im besten Viertel. Dort, wo der Stadtbaumeister Johann Georg Hess seinen Generalbebauungsplan verwirklichte und unmittelbar neben der gotischen Stadt im Areal der Anlagen klassizistisch baute.

Schopenhauer-Haus: Helle Fenster, hoch über dem Main, einfaches starkes Geländer. Schopenhauer hat die Möven gefüttert, auch Binding erzählt davon, dessen Großmutter nebenan wohnte. Die hellen Augen Schopenhauers verfolgten gern die unten auf dem Main ziehenden Flößer. Die Möven gibt es noch, das Haus nicht mehr. Das starke Detail klassizistisch, die Regel der Antike, aber hier mehr, Aufbruch gegen die gotische Form. 1805 von Georg Hess.

Ecke Fahrgasse: Die Abrundung, auch die Halbbogen über den Fenstern, leise und fest. Hier stand das mittelalterliche Tor von der Alten Brücke in die Stadt. 1801 niedergelegt.

Der Dom: Ragend, schwarz und rot. Klang vom Turm, etwas schläfrig. Maingeruch, träges Wasser, mürber Stein. Wiederholung heute der Front aus dem 19. Jahrhundert, auch hell, auch mit Schiefer grau gedeckt. Aber wie Kappen zu tief in die Stirn gezogen.

Brückenstraße: Wirkt jetzt dunkel, was einst vornehmstes Viertel war, wurde Entree zum East-end. Judenviertel. 1809/1812.

Fischerfeld: Die Bindung der Häuser.

Hinter der Schönen Aussicht: Die Häuser schützen nicht mehr. Für mich liegt ein Schrecken darüber, verlassen, verludert. Die Juden waren aus ihren Wohnungen vertrieben. Kutscher-Wohnungen, wie hinter dem Schauspielhaus.
Block bis zum Main: So streng gebaut, seit jener Zeit innerhalb Frankfurts nur Steinhäuser erlaubt.
Untermainkai 3: Von einem Schüler Weinbrenners, Burnitz. Hohe Zimmer. Ich habe da gewohnt, in unruhigen Zeiten. Beckmann mit uns im Parterre. Ahorn und Spiegelung von Stadt und Main.
Leerbach-Eingang: Die abgerundeten Ecken. Die leise Schönheit. Das wahre Bild der Stadt.
Leerbach-Vorgärten: Typisch Frankfurter Anlagen. Nicht bedeutend. Aber wie anmutig. Man hörte Klavierspiel.
Friedberger Anlage 17: Oben im Dachstock alle Jahreszeiten erlebt. Das silberne Schiff 1911 im Himmel. Die Marquisen von Freund Benkard.
Gontard-Haus: Mädchenprofil, streng und leidenschaftlich, wie die Magnolien, das Rosa eine Bewegung, Erröten aufsteigend. Begegnung in Briefen mit Hölderlin. Aschenhaufen, darauf ein zerschellter Flügel.
Hühnerweg: Haus des Gartenbau-Direktors. Stallung, geöffnet zum Landschaftlichen hin. Leicht und präzise Form. Etwas Klassisches, so wenige Elemente und so lichtvoll. Man kann auch sagen, so einleuchtend.

Was kann ich Tröstendes, Förderndes sagen? Ich möchte mit dem Gedanken schließen, daß auch uns dieses Licht nicht verlorengehen kann, das auf den letzten Bildern eine einfache Mauer, einen niedrigen Brunnenrand überströmte. Das nie versagende Echo großer klassischer Kunst, unter dem auch die geringste Form zu klingen anfängt. Warum sollte das nicht, was jetzt gebaut wird, an einer neuen Harmonie teilhaben? Wir hoffen es. Wir werden unseren Baumeistern freilich mit Kritik begegnen, aber doch auch mit dem Wohlwollen, dessen noch jedes Menschenwerk zum guten Gelingen bedurft hat.
Aus einem Lichtbildvortrag vor dem Bund tätiger Altstadtfreunde 1958.

Societäts-Verlag
Gesamtherstellung: Frankfurter Societäts-Druckerei GmbH
Einband und Gestaltung des Bildteils Heidrun Thewes
Typographie Fritz Barkowsky
ISBN 3 7973 01898
Printed in Germany

H. Hetze
5. 9. 1980